职业教育汽车类专业"互联网＋"创新教材

汽车技术服务与营销专业"校企合作"精品教材

二手车鉴定评估与交易

（配实训工单）

北京运华科技发展有限公司　组编

主　编　孙泽涛　王　婷　王晓杰

副主编　张安刚　王　东　姜雁雁

参　编　吴风波　杨洪涛　赵　清　刘长军　孙　鲁

付鹏程　刘　铭　郑瑞娜　邓成杰

机械工业出版社

CHINA MACHINE PRESS

本书为职业教育汽车类专业"互联网+"创新教材，配有独立的**实训工单**，满足"一体化"教学需求。本书根据 GB/T 30323—2013《二手车鉴定评估技术规范》要求，以工作过程为导向，分二手车评估准备、二手车静态技术鉴定、二手车动态技术鉴定、二手车价值评估、二手车鉴定评估报告撰写、二手车收购和交易六个项目讲授**理论知识**部分；提取岗位典型工作任务，以接受工作任务、信息收集、制订计划、计划实施、质量检查、评价反馈六个环节为主线编写**实训工单**。通过"学习手册+实训工单"的教材形式创新"一体化"教学模式。

本书采用"**校企合作**"模式，彩色印刷，图片清晰美观、内容丰富全面、编写融入实际案例，同时运用了"**互联网+**"形式，将与理论知识相关的视频、动画以**二维码**的形式嵌入书中，方便读者理解，有助于更深入地学习。

本书可作为职业院校汽车技术服务与营销、汽车服务工程、汽车运用工程等相关专业的教学用书，也可作为汽车销售企业内部培训资料，还可作为汽车 4S 店销售部、二手车鉴定评估师的参考书。

为方便教学，本书配有电子课件、实训工单答案等资源，同时还配有"示范教学包"，可在超星学习通上实现"一键建课"，方便混合式教学。凡选用本书作为授课教材的教师均可登录 www.cmpedu.com，以教师身份注册后下载，或向相关编辑咨询，咨询电话：010-88379201。

图书在版编目（CIP）数据

二手车鉴定评估与交易：配实训工单/北京运华科技发展有限公司组编；孙泽涛，王婷，王晓杰主编.—北京：机械工业出版社，2019.9（2025.2 重印）
职业教育汽车类专业"互联网+"创新教材　汽车营销与服务专业"校企合作"精品教材
ISBN 978-7-111-63848-3

Ⅰ.①二…　Ⅱ.①北…②孙…③王…④王…　Ⅲ.①汽车-鉴定-职业教育-教材②汽车-价格评估-职业教育-教材③汽车-商品交易-职业教育-教材
Ⅳ.①U472.9②F766

中国版本图书馆 CIP 数据核字（2019）第 215655 号

机械工业出版社（北京市百万庄大街 22 号　邮政编码 100037）
策划编辑：师　哲　责任编辑：师　哲
责任校对：张　薇　封面设计：张　静
责任印制：单爱军
北京虎彩文化传播有限公司印刷
2025 年 2 月第 1 版第 11 次印刷
184mm×260mm·15.5 印张·381 千字
标准书号：ISBN 978-7-111-63848-3
定价：58.00 元

电话服务　　　　　　　网络服务
客服电话：010-88361066　机　工　官　网：www.cmpbook.com
　　　　　010-88379833　机　工　官　博：weibo.com/cmp1952
　　　　　010-68326294　金　书　网：www.golden-book.com
封底无防伪标均为盗版　机工教育服务网：www.cmpedu.com

职业教育汽车类专业"互联网+"创新教材
汽车技术服务与营销专业"校企合作"精品教材

编审委员会

顾　问

罗　磊　中国汽车流通协会

简玉麟　武汉交通学校

李景芝　山东交通学院

王法长　中国汽车流通协会人力资源分会

贺　萍　深圳职业技术学院

主　任

郑丽梅　全国机械职业教育教学指导委员会

副主任

张国方　武汉理工大学

刘宏飞　吉林大学

申荣卫　天津职业技术师范大学

韩　萍　长春汽车工业高等专科学校

宋润生　深圳职业技术学院

委　员

王旭荣	高腾玲	李贵炎	庞志康	李　彤	王彦峰	罗国玺
陈　青	吴　刚	李东魁	姚延钢	张红英	操龙斌	李　杰
张晶磊	刘凤良	王远明	莫舒玥	商　卫	张宏阁	邓宏业
苏　明	段懿伦	毕丽丽	颜同宇	郑　莺	何寿柏	付慧敏
曾　虎	纪　烨	李冬冬	尹向阳	张树玲	曲鲁滨	苏　青
何　健	金加龙	赵暨羊	严　丽	邱华桢	屠剑敏	叶燕仙
田厚杰	廖　明	张潇月	李永安			

二维码索引

（续）

序　号	二　维　码	名　　称	页　码
9		碰撞事故车特征及鉴定流程之发动机舱检查	45
10		碰撞事故车特征及鉴定流程之驾驶舱检查	53
11		碰撞事故车特征及鉴定流程之底盘检查	60
12		泡水事故车特征及鉴定流程之驾驶舱检查	66
13		泡水事故车特征及鉴定流程之发动机舱检查	68
14		泡水事故车特征及鉴定流程之行李舱检查	68
15		使用重置成本法评估车辆价格	107
16		使用现行市价法评估车辆价格	111
17		二手车置换之我要换新车	138
18		二手车拍卖流程	141
19		车辆登记流程介绍	144

前言

　　根据中国汽车流通协会统计数据显示，2018 年我国二手车交易量达 1382.19 万辆，同比增长 11.46%。2019 年 1~3 月份，累计交易二手车 325.58 万辆，同比增长 2.01%，交易金额达 2078.04 亿元。据悉，2019 年我国将进一步落实全面取消二手车限迁政策，政策贯彻落实力度的加大，极大地促进了二手车消费市场的快速发展。我国二手车市场春天的到来，促进了二手车鉴定评估行业的迅速发展。

　　为了满足企业岗位需求，帮助职业院校学生毕业后迅速适应工作环境和工作要求，本书的编写参照 GB/T 30323—2013《二手车鉴定评估技术规范》，严格按照二手车鉴定评估流程，以工作过程为导向，提取岗位工作任务，凝练典型工作任务，保证课程内容与岗位工作任务相对应，课程要求与工作要求相一致。本书采用任务驱动模式，每个项目包括若干个任务，通过任务描述和任务分析引入学习目标，让学生带着问题进行相关知识的学习。全书共分为六个项目，以岗位工作过程为导向，从二手车评估准备、二手车静态技术鉴定、二手车动态技术鉴定到二手车价值评估、二手车鉴定评估报告撰写、二手车收购和交易，系统地阐述了二手车鉴定评估的整个流程。

　　本书配有《实训工单》，可在完成理论学习的同时，通过实训工单进行实训练习，实现一体化教学。

　　本书由山东劳动职业技术学院的孙泽涛、王婷和北京运华科技发展有限公司的王晓杰担任主编。张安刚、王东、姜雁雁担任副主编，参与编写的还有吴风波、杨洪涛、赵清、刘长军、孙鲁、付鹏程、刘铭、郑瑞娜、邓成杰。

　　在本书的编写过程中，北京运华科技发展有限公司开发了配套的实训项目和软件，并制作了配套的视频、动画，以二维码的形式嵌入书中；同时参考了大量国内已经出版的相关著作或教材以及相关网站，在此向企业和相关作者表示衷心的感谢！

　　由于编者水平有限，书中难免有不妥之处，恳请广大读者批评指正。

编　者

目录

绪　论

一、二手车行业发展现状

1. 国内二手车行业发展现状

根据调查数据显示，从 2000 年开始，我国二手车市场的交易量平均每年以 15% 的速度递增，并且在新车市场交易量增速放缓的环境下，二手车交易量增长率仍在逐年提高。由此可见，消费者对二手车的认可度正在提升，初步显现出买方市场的格局。从我国二手车市场的发展进程来看，目前还处于起步阶段，存在着巨大的发展潜力和广阔的发展前景，但同时凸显出很多问题。

（1）二手车定价机制不明确　与新车不同，二手车存在"一车一况"的情况。由于使用强度、使用条件的不同，即使是同一品牌同一配置、年限相同的两辆车，其车况也无法完全一样。很难形成统一的定价标准，这就造成了二手车买方和卖方对价格存在疑虑。针对这一问题，需要引入定价机制。目前，二手车市场常用的定价机制为市场化定价机制，即根据相同车型当日二手车市场成交价格对被评估车辆进行定价，且所定价格 3 日内有效。

（2）二手车信息不透明　目前，我国还未建立起全国性的二手车交易信息网系统，车辆的合法性信息、维修信息、事故记录信息等缺乏公开、透明的环境，二手车市场信息不对称现象明显。

（3）二手车事故情况难分辨　很多二手车收购商明确提出，杜绝收事故车，但是仍有一大批事故车涌入二手车市场。由于存在信息不对称的问题，而且大多数二手车消费者并不懂车，很难在购买时看出是否为事故车；另一方面，事故车不在 4S 店维修、保养，无法查询维修记录，也给消费者对事故车的鉴别造成了困扰。

2. 促进我国二手车市场健康发展的对策

（1）加快建立二手车诚信机制　首先，组织二手车销售商、汽车制造厂商、各品牌 4S 店、各地的汽车修理店广泛参与，共同构建起功能完善的汽车信息数据库系统，方便买卖双方进行车辆信息的查询。通过信息透明化建设，消除二手车交易过程中的信息不对称和价格欺骗现象，促进二手车市场交易环境的健康发展。

其次，完善二手车售后服务体系，使二手车售后服务体系与二手车销售体系同步发展，建立二手车消费者的购买信心。同时，建立相对独立的诚信监督机构。二手车诚信监督机构通过对二手车经营主体的严格监管和对二手车市场交易行为的规范，促进二手车市场诚信机制的建立。

（2）规范二手车市场交易行为　国家相关部门应结合我国二手车市场的发展现状，针对二手车交易过程中存在的问题及时出台相关法规，以使二手车交易操作做到有法可依，二手车市场的交易行为逐步得以规范；同时，统一我国二手车交易的税收标准，简化二手车交易过程中的相关手续，促进我国二手车的跨区域流通。

（3）完善二手车鉴定评估体系　二手车交易市场应该建立科学规范的鉴定评估体系。由国家主管部门制订统一的鉴定评估标准、流程，引入第三方鉴定评估机构，做到二手车的鉴定评估和销售相互独立，保证评估过程公开透明，使评估结果真实可信。同时，由于二手车市场和汽车技术发展十分迅速，评估方法及评估标准应适时更新，这就需要建立二手车鉴定评估师的再培训制度，取消职业资格终身制，使二手车鉴定评估师不断接受再教育，以适应市场发展的需要。

（4）创新交易模式，发展相关配套业务　在我国二手车市场快速发展的过程中，传统的二手车交易模式已经成为二手车交易市场发展的瓶颈，因此亟待创新交易模式。只有不断创新交易模式，才能适应不断发展的市场需求。与此同时，应通过二手车市场的发展带动汽车保险、信贷、租赁、拍卖、评估、置换、美容、维修、零配件供应等一系列相关汽车服务业的发展，形成更完善的汽车后产业链，确保汽车市场能够健康平稳地发展。

二、二手车技术规范

为了尽快规范二手车交易市场秩序，中国汽车流通协会制定了《二手车鉴定评估技术规范》GB/T 30323—2013，如图0-1所示，通过技术规范为二手车交易、二手车定价、二手车质保和金融服务搭建良好的平台，推进我国二手车行业健康、快速发展。

图0-1　二手车鉴定评估技术规范

三、二手车鉴定评估

1. 二手车鉴定评估中的"术语和定义"

（1）二手车　从办理完毕注册登记手续到达到国家强制报废标准之前进行交易并转移所有权的汽车。

（2）二手车鉴定评估　对二手车进行技术状况检查、鉴定，确定某一时点价值的过程。

（3）二手车技术状况鉴定　对车辆技术状况进行缺陷描述、等级评定。

（4）二手车价值评估　根据二手车技术状况鉴定结果和鉴定评估目的，对目标车辆价值进行评估。价值评估方法主要包括现行市价法、重置成本法。

1）现行市价法。根据车辆技术状况按照市场现行价格计算被评估车辆价值的方法。

2）重置成本法。按照相同车型市场现行价格重新购置一个全新状态的评估对象，用所需的全部成本减去评估对象的实体性、功能性和经济性陈旧贬值后的差额，以其作为评估对象现时价值的方法。

（5）二手车鉴定评估机构　从事二手车鉴定评估经营活动的第三方服务机构。

（6）二手车鉴定评估师　依法取得二手车鉴定评估师国家职业资格的人员。

（7）高级二手车鉴定评估师　依法取得高级二手车鉴定评估师国家职业资格的人员。

2. 二手车鉴定评估的依据和原则

（1）二手车鉴定评估的依据

1）理论依据。二手车鉴定评估的理论依据是资产评估学，其操作方法按国家规定的方法操作。

2）政策法规依据。二手车鉴定评估工作的主要政策法规有《国有资产评估管理办法施行细则》《旧机动车交易管理办法》《汽车报废标准》以及其他方面的政策法规。

3）价值依据。价值依据有两个方面：历史依据和现实依据。历史依据主要是二手车的账面原值、净值等资料，它具有一定的客观性，但不能作为评估的直接依据；现实依据是以基准日这一时点的现时条件为准，即现时的价值、现时的车辆功能状态等。

（2）二手车鉴定评估的原则　为了保证二手车鉴定评估结果的真实、准确，公平合理，被社会承认，就必须遵循一定的原则。

1）公平性原则。公平性原则是二手车鉴定评估工作人员应遵守的最基本的道德规范。

2）独立性原则。独立性原则要求二手车鉴定评估工作人员应该依据国家的有关法规和规章制度及可靠的资料数据，对被评估的二手车价值做出合理评定。不应受外界干扰和委托者意图的影响，从而使评估公正客观地进行。

3）客观性原则。客观性原则是指评估结果应以充分的事实为依据。它要求二手车计算所依据的数据资料必须真实，对技术状况的鉴定分析必须真实客观。

4）科学性原则。科学性原则是指在二手车鉴定评估过程中，必须根据评估的特定目的，选择适用的评估标准和方法，使评估结果准确合理。

5）专业性原则。专业性原则要求鉴定评估人员接受国家专门的职业培训，经职业技能鉴定合格后由国家统一颁发执业证书，持证上岗。

6）可行性原则。可行性原则也称有效性原则。要想使鉴定评估的结果真实可靠又简便易行，就要求鉴定评估人员是合格的，具有较高的素质；评估中利用的资料数据是真实可靠的；鉴定评估的程序与方法是合法的、科学的。

项目一

二手车评估准备

任务一　接受委托

 任务描述

　　刘先生来店要求对"大众帕萨特2014款1.8TSI DSG尊荣版"的车辆进行评估，二手车鉴定评估师小李了解了车主基本情况、车辆情况、委托评估的意向、时间要求等情况后，接受了车主刘先生的委托。

 **任务分析**

　　在洽谈中，将"车主单位（或个人）的基本情况""评估目的""评估对象及基本情况"摸清后，决定是否接受委托。如果不接受委托，应该说明原因，客户如对交易有不清楚的地方，应该接受其咨询，耐心地对他们进行解答和指导；如果接受委托，就要签订二手车鉴定评估委托书。

 学习目标

　　能够掌握业务洽谈的主要内容。

 建议学时

　　1学时。

 相关知识

一、业务洽谈

　　业务洽谈是二手车鉴定评估的第一项工作，也是一项重要的日常工作。业务洽谈工作的好坏直接影响二手车鉴定评估机构的形象和信誉，也是企业生存的基础。因此，二手车鉴定评估人员应该重视并做好业务洽谈工作。

　　通过业务洽谈，应该初步了解下述情况：

1. 车主单位（或个人）的基本情况

车主即机动车所有人，指拥有车辆所有权的单位或个人。了解洽谈的客人是否是车主，只有车主才有车辆处置权。

2. 评估目的

在接受委托前需要明确客户的评估目的，根据评估目的选择合适的评估方法，确定二手车的评估值。

3. 评估对象及其基本情况

1）二手车类别。属于乘用车、商用车还是摩托车。

2）二手车厂牌型号、生产厂家、燃料种类、出厂日期。

3）二手车管理机构初次注册登记的日期、已使用年限、行驶里程。

4）二手车来历。首次交易车辆或再次交易车辆；走私罚车或捐赠的免税车。

5）车籍。车辆牌证发放地。

6）使用性质。是公务用车、私用车，还是专业运输车或是出租营运车。

7）各种证件税费等。是否齐全，是否每年年检，是否购买过保险。

8）事故情况。有无发生过事故，如果有，事故的位置、更换的主要部分和总成情况。

9）现时技术状况。了解发动机异响、排烟、动力、行驶等情况。

10）大修次数。有无大修，大修次数等。

11）选装件情况。是否加装音响、真皮座椅、桃木内饰等选装件，与基本配置的差异等。

二、注意事项

1）接待客户时，要清晰、完整、快速、确切地表达意见和意思。

2）洽谈中，要对自己的话语表达加强控制，不能出现音调、音量失控的情况。

3）体态要端正，手势要与说话的语速、语调、音量密切配合，不能出现脱节的情况。

4）与客户洽谈的距离要保持在 1～1.5m，视线接触对方脸部的时间应占全部谈话时间的 30%～60%。

5）着装要合体、合时，装饰要适当，化妆应自然。

6）与客户进行电话交谈时，要认真做好记录，使用礼貌词语。

7）与客户进行业务洽谈应主要了解车主的基本情况、车辆情况、委托评估的意向、时间要求等。

8）与客户签订二手车鉴定评估委托合同时要认真填写合同中反映双方各自的权利责任、义务以及违约责任的相关内容。

9）涉及国有资产占有单位要求申请立项的二手车鉴定评估业务，应由委托方提供国有资产管理部门关于评估立项申请的批复文件，经核实后，方能接受委托和签署委托合同。

任务二　签订委托协议

 任务描述

图 1-1 为某 4S 店二手车收购协议书：甲方（二手车出售方）根据协议书内容委托乙方（收购方）对甲方所拥有的二手车进行鉴定评估。作为二手车鉴定评估师，在对车辆进行评

估前，需要与客户签订该协议书，列明车辆详细信息、车主信息及相关评估事宜。

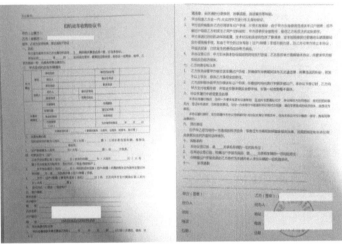

图 1-1　二手车收购协议（鉴定委托协议）

二手车鉴定评估师只有在了解了委托协议填写内容和填写要求后，才能够详细填写委托协议书。

1. 了解二手车鉴定评估委托书的内容。
2. 掌握二手车鉴定评估委托书填写方法。

2 学时。

一、二手车鉴定评估委托书的基本内容

二手车鉴定评估委托书又称为二手车鉴定评估委托合同，是指二手车鉴定评估机构与法人、其他组织或自然人相互之间为实现二手车鉴定评估的目的，明确相互权利义务关系所订立的协议。二手车鉴定评估委托合同是受托方与委托方对各自权利、责任和义务的协定，是一项具有经济合同性质的契约。主要内容如下：

1. 二手车鉴定评估目的

（1）车辆交易　二手车鉴定评估机构或评估师作为车辆交易双方的中介，在车辆交易前需要站在公平、公正、独立的立场上，对待交易二手车进行鉴定，并根据鉴定情况给出合理的车辆价格区间，作为交易双方的参考价格。

（2）车辆置换　随着我国机动车交易市场的不断发展壮大，越来越多的车主会随着生活水平的提高，不断更换新车。4S 店推出的置换业务（以旧换新/以旧换旧）极大地满足了消费者对于车辆置换的需要。由于置换价格通常会直接抵扣车价，消费者对二手车置换价格关注度较高。车辆置换也是目前 4S 店二手车部门最主要的业务之一。

（3）车辆转籍过户　二手车转籍过户是指变更车辆所有人信息，方便日后车辆的使用和保险赔偿。2017 年，我国累计二手车交易量超过 1240 万辆，同比增长 19.4%。面对二手车的爆发式发展，为了方便车辆转籍过户，在 2018 年 3 月两会期间，宣布解除限迁，既提高了二手车异地过户办理的效率又有利于二手车的跨区域流通。

（4）车辆拍卖　为了加强汽车行业拍卖规范，促进汽车拍卖的发展，2019 年 4 月 1 日全国实施了《机动车拍卖规程 SB/T 10691—2018》，将车辆拍卖分为新车拍卖和二手车拍卖两类，并规定在整个拍卖过程中要遵循公开、公平、公正、诚实信用的原则。

（5）车辆保险　车辆投保商业险尤其是机动车损失险时，需要根据车辆本身的价值大小确定当年缴纳的保费金额。出险后，保险公司也需要根据车辆出险前的价值对车辆损失进行评定估算。保险公司通常会根据车辆使用年限、行驶里程和使用强度确定合理的车辆价值。

（6）抵押贷款　车辆抵押贷款是指将借款人的车辆作为抵押物，向银行或汽车消费贷款公司取得贷款的行为。《机动车登记规定》第二十二条明确规定机动车所有人将机动车作为抵押物抵押的，应当向登记地车辆管理所申请抵押登记；抵押权消灭的，应向当地登记地车辆管理所申请解除抵押登记。

（7）担保、典当　担保是指车辆所有人/单位，以车辆的形式为个人的经济行为或单位的经济行为提供担保，并承担连带责任。典当是指以机动车为质押物进行贷款融资典当业务。二手车车主将车辆及车辆相关证件交给典当机构，获得当金后在约定期限内支付当金利息、偿还当金后赎回车辆。

（8）司法鉴定　当事人遇到涉及车辆的讼诉时，委托鉴定估价师对车辆进行评估，有助于把握事实真相；同时，法院判决时，可以依据评估结果进行宣判，这种评估也可由法院委托评估机构进行。此外评估机构也接受法院等司法部门或个人的委托鉴定和识别走私车、盗抢车、非法拼装车等非法车辆。

（9）修复价格评估　保险公司对已经出险的车辆也需要进行鉴定与评估，以确定更换部件的名称、数量、金额和修理部件的范围、工时定额费用及附加费，从而控制事故车总的修理费用，防止修理范围任意扩大。

2. 车辆识别代码

车辆识别代号共 17 位，由数字和字母组成，分为世界制造厂识别代号 WMI、车辆说明部分 VDS、车辆指示部分 VIS 三部分。

VIN 码一般使用 10 个阿拉伯数字和 23 个大写拉丁字母（不能使用 I、O、Q）表示，应保证 30 年内不会重号，其各部分的含义如图 1-2 所示。

扫一扫

不可忽视的 VIN 码

第 1～3 位：世界制造厂识别代号（WMI）。必须经过申请、批准、备案后方可使用。所有的 WMI 代号由美国汽车工程学会（SAE）保存。WMI 能够保证制造厂识别标志的唯一性。

第一位：用一个数字或者字母来表明一个地理区域见表 1-1。

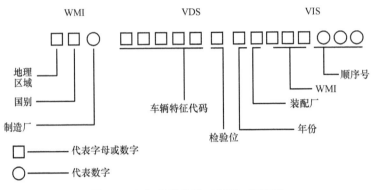

图 1-2　车辆识别代号（VIN）顺序图

表 1-1　地理区域代号

1、4	美国	J	日本	S	英国
2	加拿大	K	韩国	T	瑞士
3	墨西哥	L	中国	V	法国
6	澳大利亚	Y	瑞典	W	德国
9	巴西	Z	意大利		

第二位：汽车制造商代码见表 1-2。

表 1-2　汽车制造厂代码

1	Chevrolet	B	BMW	M	Hyundai
2	Pontiac	B	Dodge	M	Mitsubishi
3	Oldsmobile	C	Chrysler	M	Mercury
4	Buick	D	Mercedes	N	Infiniti
5	Pontiac	E	E- Eagle	N	Nissan
6	Cadillac	F	Ford	P	Plymouth
7	GM Canada	G	General	S	Subaru
8	Saturn G Suzuki	T	Lexus	H	Acura
8	Isuzu	T	Toyota	V	Volkswagen
A	Alfa Romeo	J	Jeep	V	Volvo
A	Audi	L	Daewoo	H	Honda
A	Jaguar	L	Lincoln	Z	Ford
Z	Mazda	Y	Mazda		

G = 所有属于通用汽车的品牌：Buick，Cadillac，Chevrolet，Oldsmobile，Pontiac，Saturn。

第三位：汽车类型代码。不同的厂商有不同的解释。

第 4~9 位：车辆说明部分（VDS），能够识别车辆的一般特性，如车辆的类型和配置，如果 VDS 中有一位或者多位字符不用，则需用选定的字母或者数字占位。

字符代号顺序由制造厂制订。4~8位可表明的车辆特征具体如下：

轿车：种类、系列、车身类型、发动机类型及约束系统类型。

MPV：种类、系列、车身类型、发动机类型及车辆额定总重。

载货汽车：型号或种类、系列、底盘、驾驶室类型、发动机类型、制动系统及车辆额定总重。

客车：型号或种类、系列、车身类型、发动机类型及制动系统。

第9位：是工厂检验数字代码，使用0~9中任何一个数字或字母"X"。

第10~17位：车辆指示部分（VIS）。这部分由8位字符组成，最后四位应为数字，是制造厂为了区分每辆车而制订的一组字符。

第十位：表示汽车年份。由字母或者数字组成，具体见表1-3。

表1-3　年份代码

年份	代码	年份	代码	年份	代码	年份	代码
2001	1	2011	B	2021	M	2031	1
2002	2	2012	C	2022	N	2032	2
2003	3	2013	D	2023	P	2033	3
2004	4	2014	E	2024	R	2034	4
2005	5	2015	F	2025	S	2035	5
2006	6	2016	G	2026	T	2036	6
2007	7	2017	H	2027	V	2037	7
2008	8	2018	J	2028	W	2038	8
2009	9	2019	K	2029	X	2039	9
2010	A	2020	L	2030	Y	2040	A

第十一位：用来表示装配厂。若无装配厂，可规定其他内容。如果制造厂生产的年产量≥500辆，此VIS的第3~8位字码表示生产顺序号；如果制造厂的年产量<500辆，则VIS部分的第3、4、5位字码应与WMI部分的3位字码一起来表示一个车辆制造厂。

第十二至第十七位：顺序号，表示某一批次的车辆。

3. 车主/委托人基本信息

在签订二手车委托合同时，对于个人车辆需要填写车主姓名、身份信息、联系方式和住址。对于公有车辆，需要填写单位名称、地址以及单位营业执照代码等信息。

4. 车辆基本信息

车辆基本信息包括车辆识别代码、发动机号码、车辆初次登记日期、车辆颜色、车牌号码、车辆行驶里程、车辆使用性质等。

5. 车辆价值反映

在二手车鉴定评估委托协议书中，要特别说明车辆评估价格所包含的内容，例如：是否包括车辆附件、是否包含过户费用、是否包含车辆修复费用及换件费用等。

二、二手车鉴定评估委托书填写注意事项

1）填写二手车鉴定评估委托书需要评估双方共同签字确认。

2）所填写内容保证真实。

3）若为个人车辆委托，需要车主签字；若为公有车辆委托，需加盖单位公章。

4）委托书中注明评估时间。

 任务三　查验可交易车辆单证

 任务描述

图 1-3 为一辆二手车的机动车行驶证，车辆的单证还包括机动车来历凭证、机动车登记证书、车辆购置税完税证明、机动车保险单、车船使用税及机动车检验标志等。本任务主要讲述这些单证的查验。

图 1-3　机动车行驶证

 任务分析

二手车的车况不论有多好、价格多合适，只要手续（单证）有问题都可能会导致无法过户，可见汽车手续（单证）在买卖过程中的重要性。

 学习目标

1. 能够对机动车来历凭证、机动车行驶证、机动车登记证书、车辆购置税完税证明及机动车号牌进行识伪、查验。

2. 能够检查机动车检验合格标志、车船使用税缴付凭证是否有效。

3. 能够查验交强险保险单、商业险保险单。

4. 能够查验车辆一致性证书/进口机动车随车检验单，排除走私车、拼装车。

 建议学时

2 学时。

 相关知识

一、检查可交易车辆

1. 可交易车辆的定义

机动车登记证书、行驶证、有效机动车检验合格标志、车辆购置税完税证明、车船使用税缴付凭证、车辆保险单等法定证明、凭证齐全且合法的车辆。

2. 不可交易车辆的类别

不可交易车辆的类别见表1-4。

表1-4　不可交易车辆的类别

序号	检查项目	类　别
1	已报废或达到国家汽车报废标准的车辆	是　否
2	在抵押期间或未经海关批准的海关监管的车辆	是　否
3	在人民法院、人民检察院、行政执法等部门依法查封、扣押期间的车辆	是　否
4	通过盗窃、抢劫、抢夺、诈骗等违法手段获得的车辆	是　否
5	发动机号码、车辆识别代号（VIN码）与机动车登记证书登记号码不相符，或有锉改迹象的车辆	是　否
6	走私、非法拼（组）装的车辆	是　否
7	办理必备证件、税费、保险和无有效机动车检验合格标志的车辆，或手续不齐全的车辆	是　否
8	在本行政辖区以外的公安机关交通管理部门注册登记的车辆	是　否
9	国家法律法规禁止经营的车辆	是　否

注：1. 如发现法定证明、凭证不全或表中检查项目任何一项判别为"是"的车辆，应告知委托方，不需继续进行技术鉴定和价值评估（司法机关委托等特殊要求的除外）。

　　2. 发现法定证明、凭证不全，或者表中第1项、4项至9项任意一项判别为"是"的车辆应及时报告公安机关等执法部门。

二、二手车手续核查

1. 机动车来历凭证

（1）机动车来历凭证

扫一扫

二手车证件案例

1）在国内购买的机动车的来历凭证是机动车销售统一发票，如图1-4所示，或二手车销售统一发票，如图1-5所示。

图1-4　机动车销售统一发票（样例）　　图1-5　二手车销售统一发票（样例）

2）人民法院调解、裁定或者判决转移的机动车，其来历凭证是人民法院出具的已经生效的《调解书》《裁定书》或者《判决书》以及相应的《协助执行通知书》。

3）仲裁机构仲裁裁决转移的机动车，其来历凭证是《仲裁裁决书》和人民法院出具的

《协助执行通知书》。

4）继承、赠予、中奖、协议离婚和协议抵偿债务的机动车，其来历凭证是继承、赠予、中奖、协议离婚、协议抵偿债务的相关文书和公证机关出具的《公证书》。

5）资产重组或者资产整体买卖中包含的机动车，其来历凭证是资产主管部门的批准文件。

6）机关、企业、事业单位和社会团体统一采购并调拨到下属单位未注册登记的机动车，其来历凭证是机动车销售统一发票和该部门出具的调拨证明。

7）机关、企业、事业单位和社会团体已注册登记并调拨到下属单位的机动车，其来历凭证是该单位出具的调拨证明。被上级单位调回或者调拨到其他下属单位的机动车，其来历凭证是上级单位出具的调拨证明。

8）经公安机关破案发还的被盗抢且已向原机动车所有人理赔完毕的机动车，其来历凭证是保险公司开具的《权益转让证明书》。

（2）查验机动车来历凭证　凡无合法机动车来历凭证者，应认真查验。

1）销售统一发票要清楚显示购车人姓名、身份证号、车辆类型和型号、合格证号、发动机号、车架号、购车单价、销售单位公章、工商行政管理部门的公章。

2）要认真检查机动车行驶证上的车主姓名同原始发票是否一致。

3）过户票据要清楚地显示买卖双方的姓名、住址、身份证号、车牌号、车辆类型、车架号、品牌、登记证号以及交易价格，要有过户票据出票单位及公章、工商行政管理部门的公章。

4）要认真检查发票是否有工商验证章。

2. 机动车行驶证

机动车行驶证是由公安车辆管理机关依法对车辆进行注册登记核发的证件，它是机动车取得合法行驶权的凭证。机动车行驶证是车辆上路行驶必不可少的证件，是二手车过户、转籍必不可少的证件。

新修订的《中华人民共和国机动车行驶证》（GA 37—2008）规定了机动车行驶证样式，如图1-6所示。

图1-6　机动车行驶证样式

　小贴士

查验机动车行驶证的内容：

1）核对车主姓名与车主身份证姓名是否一致。

2）核对号牌号码与机动车行驶证是否一致。

3）注意机动车行驶证上的年审日期，如果年审已过期，必须年审后才能过户。

4）年审到期日在查违章的同时可以查到，要核对一下和机动车行驶证的到期日是否一致，如果不一致有可能是委托外地年审的车或是没办完验车手续。

5）补办机动车行驶证的，车辆必须到场。

3. 机动车登记证书

根据 2001 年 10 月 1 日起实施的《中华人民共和国机动车登记办法》，在我国境内道路上行驶的机动车，应按规定在机动车登记机构办理登记，核发机动车号牌、机动车行驶证和机动车登记证书。

机动车所有人申请办理机动车各项登记业务时均应出具机动车登记证书；当登记信息发生变动时，机动车所有人应当及时到车辆管理所办理相关手续；当机动车所有权转移时，原机动车所有人应当将机动车登记证书随车交给现机动车所有人。目前，机动车登记证书还可以作为有效资产证明，到银行办理抵押贷款。

机动车登记证书的样式如图 1-7 所示。

图 1-7　机动车登记证书样式

小贴士

查验机动车登记证书的内容：

1）核对机动车所有人是否曾为出租公司或租赁公司。

2）核对登记日期和出厂日期是否时间跨度很大。

3）核对进口车是否是海关进口或海关罚没。

4）核对使用性质是非营运、营运、租赁或营转非。机动车使用性质主要有公路客运、公交客运、出租客运、旅游客运、租赁、货运、非营运、警用、消防、救护、工程抢险、营转非、出租营转非等多种。

5）核对登记栏内是否注明该车已抵押。

6）对于货运车辆核对长、宽、高、轮距、轴距、轮胎的规格是否一致。

7）核对钢板弹簧片数是否一致或有加厚的现象。

8）核对现机动车登记证书持有人与受委托人是否一致。

4. 机动车检验合格标志

机动车必须进行安全技术检验，检验合格后，公安机关发放合格标志，如图 1-8 所示。根据《中华人民共和国道路交通安全法实施条例》的规定，机动车检验合格标志应贴在机动车前风窗玻璃右上角。若无合格标志或标志无效，则不能交易。

5. 车辆购置税完税证明

《中华人民共和国车辆购置税暂行条例》规定从 2001 年 1 月 1 日起，我国将开征车辆购置税，取代车辆购置附加费。由国家税务局征收，资金的使用由交通部门按照国家有关规定统一安排使用，车辆购置税的征收标准：按车辆计税价的 10% 计征。在取消消费税后，它是购买车辆后最大的一项费用。

车辆购置税完税证明的样式如图 1-9 所示。

图 1-8　机动车检验合格标志　　　　图 1-9　车辆购置税完税证明的样式

2001 年以后购买的汽车需交纳车辆购置税，一些特殊购车单位和专用车辆的车辆购置税可减免，车辆购置税完税证明上均有说明。完税（包括减税）车辆需加盖"车辆购置税征税专用章"，免税车辆需加盖"车辆购置免税专用章"并加盖征收机关公章后，此凭证才有效。

> **小贴士**
>
> 1）若购置税凭证丢失，首先要去购置税征稽处确认有无底档及是否是免税车，如果不是免税车需要补交购置税。
>
> 2）无购置税凭证，须补办后再付款。
>
> 3）补办购置税凭证要先到购置税征稽处指定的报社去登报挂失，领取报纸后凭报纸补办。

6. 机动车保险单（副本）

机动车保险分为交强险和商业险两种。

1）交强险。交强险是指机动车交通事故责任强制保险，有单独的保险单和标志，如图 1-10 所示。

现有一些地区实行了电子保单，如北京、上海等地，也就是说交强险电子保单、交强险电子标志与纸质交强险保单、纸质交强险标志贴具有同等法律效力。

根据《机动车交通事故责任强制保险条例》规定：机动车所有人要将机动车交通事故

责任强制保险标志粘贴在车辆驾驶室前风窗玻璃右上角；若没有驾驶室的机动车（如摩托车、部分拖拉机、部分三轮汽车等），驾驶人要随车携带，否则不能上路行驶。强制保险标志如图 1-11 所示。

> 💡 **小贴士**
>
> 查验交强险保险单的要点如下：
>
> 1）查看保险时间。认真检查强制保险标志的年限、保险月份是否与强制保险保险单一致。
>
> 2）查看保险单号的开头字母是否与各保险公司的保险单号开头一致。
>
> 3）看保险单上的官印。保险单上的官印应清晰，不能模糊。

图 1-10 机动车交通事故责任强制保险单（正本）样式　　图 1-11 强制保险标志

2）商业险。商业险分为主险和附加险两大类。机动车综合商业险保险单，如图 1-12 所示。

① 主险包括机动车损失险、机动车第三者责任险、机动车车上人员责任险、机动车全车盗抢险等。

② 附加险包括玻璃单独破碎险、自燃损失险、新增加设备损失险、车身划痕损失险、发动机涉水损失险、修理期间费用补偿险、车上货物责任险、精神损害抚慰金责任险、不计免赔率险、机动车无法找到第三方特约险、指定修理厂险。

7. 车船使用税

（1）车船使用税税目税额　根据规定，凡在我国境内拥有并使用车辆、船舶的单位和个人，应按规定缴纳车船使用税。车船的所有人或管理人未缴纳车船使用税的，使用人应当代为缴纳车船使用税。

（2）免征车船使用税的车辆和船舶

1）新能源汽车：包括纯电动商务车、插电式（含增程式）混合动力电动汽车、燃料电池商务车。

2）纯电动乘用车。

3）燃料电池乘用车。

4）非机动车船（不包括非机动驳船）。

5）拖拉机。

6）捕捞、养殖渔船。

7）军队、武警专用的车船。

8）警用车船。

9）按照有关规定已经缴纳船舶吨税的船舶。

10）依照我国有关法律和我国缔结或者参加的国际条约的规定应当予以免税的外国驻华使馆、领事馆和国际组织驻华机构及其有关人员的车船。

（3）减半征收车船税的车辆

1）符合标准的节能乘用车。应同时符合三项标准：获得许可在中国境内销售的排量为1.6 L以下（含1.6 L）的燃用汽油、柴油的乘用车（含非插电式混合动力乘用车和双燃料乘用车）；综合工况燃料消耗量应符合标准；污染物排放应符合标准。

2）符合标准的节能商用车。应同时符合三项标准：获得许可在中国境内销售的燃用天然气、汽油、柴油的重型商务车（含非插电式混合动力和双燃料重型商务车）；燃用汽油、柴油的重型商务车综合工况燃料消耗量应符合标准；污染物排放应符合标准。

目前，车船使用税与交强险一起征收，由保险公司代收，无单独的税讫凭证。

（4）查验车船使用税缴付凭证　检查车船使用税缴付凭证是否有效及交纳年限。车船拥有人与使用人不一致时，仍由拥有人负责缴纳税款。

图1-12　机动车综合商业险保险单（正本）样式

8. 车辆一致性证书/进口机动车辆随车检验单

（1）车辆一致性证书　根据国家认证监委会2008年第1号公告关于修订《机动车辆类（汽车产品）强制性认证实施规则》的公告应对车辆的一致性进行认证的证明。

企业在出厂的每一辆车上须附带1张经企业盖章和/或车辆一致性主管人员签字的车辆一致性证书，如图1-13所示。

（2）进口机动车辆随车检验单　《进口汽车检验管理办法》特别做出以下规定：

第十一条：经检验合格的进口汽车，由口岸检验检疫机构签发"入境货物检验检疫证明"，并一车一单签发"进口机动车辆随车检验单"，如图1-14所示；对进口汽车实施品质检验的，"入境货物检验检疫证明"须加附"品质检验报告"。

第十二条：进口汽车的销售单位凭检验检疫机构签发的"进口机动车辆随车检验单"等有关单证到当地工商行政管理部门办理进口汽车国内销售备案手续。

图 1-13 车辆一致性证书

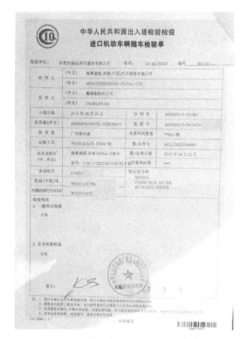

图 1-14 进口机动车辆随车检验单

第十三条：用户在国内购买进口汽车时必须取得检验检疫机构签发的"进口机动车辆随车检验单"和购车发票。在办理正式牌证前，到所在地检验检疫机构登检、换发"进口机动车辆检验证明"，作为到车辆管理机关办理正式牌证的依据。

由此可见，"进口机动车辆随车检验单"是出入境检验检疫机构对进口汽车检验合格和准许进入国内流通领域的证明文件。

（3）查验车辆一致性证书/进口机动车随车检验单 针对进口车辆，评估师需要查看车辆一致性证书或进口机动车随车检验单，以便排除此车为非正规渠道购买的车辆。

9. 车用气瓶使用登记证

所谓"油改气"，原理其实也很简单，就是在车上安装气瓶（图 1-15）、减压器、混合器、汽油电磁阀、充气阀、高压截止阀和压力表等。车用气瓶使用登记证主要针对"油改气"车辆。

查验车用气瓶使用登记证时，核查油改气的车辆行驶证是否变更双燃料，或汽车是否有车用气瓶登记证。

图 1-15 行李舱的气瓶

10. 车辆铭牌

（1）车辆铭牌 车辆铭牌是标明车辆基本特征的标牌，包含厂牌、型号、发动机功率、总质量、载重质量或载客人数、出厂编号、出厂日期及厂名等。

（2）车辆铭牌查看方法

1）与行驶证（登记证）对比出厂日期。

2）与行驶证（登记证）对比车辆排量。

3）与行驶证（登记证）对比车架号是否一致。

11. 机动车号牌

机动车号牌是由公安车辆管理机关依法对机动车进行注册登记核发的号牌，它和机动车行驶证一同核发，其号码与行驶证应该一致。它是机动车取得合法行驶权的标志。《中华人民共和国道路交通管理条例》中第十七条规定，机动车号牌不得转借、涂改、伪造。

（1）号牌的位置与安装　根据《中华人民共和国道路交通安全法实施条例》的规定，机动车号牌应当悬挂在车前、车后指定位置，保持清晰、完整。

重型、中型载货汽车及其挂车、拖拉机及其挂车的车身或者车厢后部应当喷涂放大的牌号，字样应当端正并保持清晰。

（2）查验机动车号牌　检查牌号的固封是否完好，有无撬过的痕迹，在封帽上是否打有标志，如北京的应有"京"字、江苏的应有"苏"字、上海的应有"沪"字等。检验号牌有无凹凸不平或折痕。号牌字体应清楚有立体质感，无补洞；号牌字体上的荧光漆应清洁、平整、光滑；号牌字体应大小一致、间隙匀称。

任务四　使用二手车鉴定评估设备

任务描述

图1-16为2013年5月注册登记的丰田RAV-4白色SUV的右后车门，该车行驶里程为15.6万km。通过检查车辆外观，发现该车右后车门曾进行过钣金喷漆。本任务将讲述二手车鉴定评估设备的使用。

任务分析

作为鉴定评估师，为了能够使车况评价更具有科学性和真实性，往往需要借助外界工具进行实际测试。常用的评估工具有汽车解码器、漆面测厚仪、万用表、轮胎胎纹尺等。除此，鉴定评估师在进行车辆评估时，还需要随身携带手电筒、小镜子、白手套等，方便掌握车体内部情况。

图1-16　右后车门喷漆痕迹

学习目标

1. 了解二手车鉴定评估过程中常用设备有哪些。
2. 掌握解码器、漆面测厚仪、轮胎胎纹尺、万用表的使用方法。
3. 会用常用仪器对车况进行检查。

建议学时

4学时。

 **相关知识**

一、汽车解码器

汽车解码器又称为汽车故障诊断仪，是一种便携式智能化的汽车故障自检查仪器，主要用于检查汽车可能存在的故障，读取动态数据流，对电器元件和控制单元进行测试。

1. 汽车解码器的工作原理及主要功能

汽车解码器通过连接线与电脑数据检查接口连接，实现与各类电控系统控制单元之间的数据交流，判断所检查到的 ECU 输入电压和输出电压数值是否在固定范围内变化，从而确定各个电子控制单元的传感器、执行器和 ECU 是否正常工作。当某一电子控制单元的电路出现问题时，相应的传感器会将电路故障信息传输给 ECU，并将故障码存储在 ECU 的存储器中，通过解码器，检查人员能迅速读出故障码，并及时处理和维修。

汽车解码器的主要功能包括：

1）通过 CAN、LIN 通信模块可以实现与车辆内各电子控制单元之间的对话，传送故障码及发动机的状态信息。

2）通过单片机的同步/异步收发器与 PC 机进行串行通信以完成数据交换，下载程序及解码器升级等功能。

3）通过液晶显示器来显示汽车运行的状态数据及故障信息。

4）通过键盘电路来执行不同的诊断功能。

5）通过一种具有串行接口的大容量 FLASH 存储器来保存大量的故障码及其测量数据。

2. 汽车解码器的分类

根据解码器的功能和使用范围不同，可将其分为通用型解码器、专用型解码器和单系统专用型解码器三类。

（1）通用型解码器　通用型解码器可以对常见车型的电气系统故障进行检查和诊断，这类解码器价格相对较低，能够读取故障码和故障流。常见品牌如元征 X-431、博士 KTS、金德 KT670 等，如图 1-17 所示。

（2）专用型解码器　专用型解码器只能对某一车系的电控系统故障进行诊断和检查，售价相对较高，有交流诊断功能。

（3）单系统专用型解码器　单系统专用型解码器主要针对常见车型的一种或几种 ECU 的常见故障进行诊断和检查。

图 1-17　通用型汽车解码器

3. 汽车解码器的操作流程

1）安装车轮挡块和举升机垫块，如图 1-18 所示。

2）打开车门，安装座椅套、转向盘套和地板垫、变速杆套——车内四件套，如图 1-19 所示。

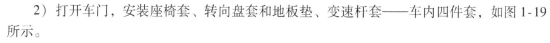

图 1-18　在车轮前后分别安装挡块

图 1-19　安装车内四件套

3）检查变速杆位于"P"位，驻车制动器处于制动状态。

4）打开发动机舱盖，安装翼子板布、进气格栅保护罩。

5）检查发动机油、冷却液和制动液量，用万用表检查蓄电池电压，确保电池电量充足。

6）起动发动机，确定车辆故障现象及仪表指示情况。

7）点火开关处于"OFF"位，将解码器的诊断插头插入车载 OBD 接口中。

8）解码器安装完成后，打开解码器开关，进入汽车诊断主界面；在车型选择界面单击选择相应车型和系统，如图 1-20 所示。

9）将点火开关打开至 ON 位。

10）选择功能，读取故障码，读取后清除故障码，读取数据流。

11）检查结束后关闭发动机并拆下解码器。

12）拆卸车内四件套和车外三件套，关闭发动机舱盖和车门，去除车轮挡块和举升机垫块。

13）清理工具并清洁工作场地。

图 1-20　车型选择界面

二、漆面测量仪

漆面测量仪是一种测量金属物体上非磁性涂层或非导电涂层厚度的无损检查设备，如图 1-21 所示。二手车漆面测量仪主要是测量车体表面油漆、腻子等涂层厚度，并与《中华人民共和国汽车行业标准汽车油漆涂层（QC/T 484—1999）》中所提供的数据进行比较，明确车身表面是否存在重新刮腻子、喷漆的现象。

1. 磁性漆面测量仪的工作原理

在位于漆面测量仪表面的探头会产生闭合的磁回路。当探头与金属表面之间的距离发生变化时，回路中的电阻及电感数值会发生变化。利用数据的变化判断探头和金属表面之间的腻子、漆面厚度变化。

2. 漆面测量仪的使用流程

1）在使用漆面测量仪前，需要保证电池电量充足，并对仪器校零。

2）校零后将测量仪探头垂直放置于被测漆面上，并用手轻轻按压。

3）在听到测量仪发出响声后，拿起测量仪读取数据，如图 1-22 所示。

图 1-21 漆面测量仪　　　　　　　　图 1-22 读取数据

三、轮胎胎纹尺

轮胎胎纹尺主要用于测量轮胎花纹深度，通过花纹深度测量值，鉴定评估师可以判断轮胎花纹磨损状况，并结合轮胎生产日期确定车辆使用强度。同时出于安全考虑，当测量值不符合安全规定时，就要及时更换轮胎。图 1-23 为轮胎胎纹尺的基本结构，主要由主尺、主尺探头、测量基准面、调节螺钉、数值显示屏和操纵按钮组成。

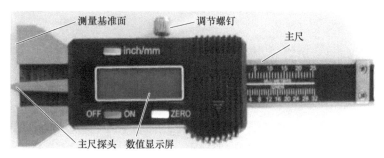

图 1-23 轮胎胎纹尺的基本结构

1. 轮胎胎纹尺数据读取方法

对于机械式轮胎胎纹尺，需要鉴定评估师人工读取测量数据，如图 1-24 所示。

轮胎胎纹尺的度数由主尺度数和副尺度数共同组成。主尺最小刻度值为 1mm。测量前需要校零，保证主尺和副尺的"0"刻线对齐，若没有对齐，可调整调节螺钉。在测量胎纹深度时，测量面垂直放置于花纹表面，主尺相对副尺向左移动，带动主尺探头一起向左移动，直至探头最前端与花纹内侧接触，如图 1-25 所示。读出此时副尺所显示的数值：测量值＋估读值，即为胎纹深度。

对于电子轮胎胎纹尺，工作原理与机械式相似，只需要通过屏幕读出显示数值，即为花纹深度。

2. 使用注意事项

1）测量轮胎胎纹深度时，选择主花纹沟进行测量。

2）在测量时，要保证主尺与胎面垂直。

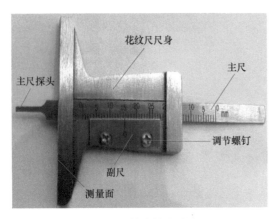

图 1-24　机械式轮胎胎纹尺

图 1-25　轮胎胎纹尺测量示图

3）主尺探头应避开花纹沟内磨损较严重的部位进行测量。

四、汽车万用表

1. 万用表

1）测量交、直流电压，如图 1-26 所示，汽车万用表能测量大于 40V 的电压值，但测量范围也不能过大，否则，读数的精度会下降。

2）测量电阻。

3）测量电流。汽车万用表能测量大于 10A 的电流。

4）记忆最大值和最小值。该功能用于检查某电路的瞬间故障。

图 1-26　汽车万用表

5）测量脉冲波形的频宽比和点火线圈一次侧电流的闭合角。该功能用于检查喷油器、怠速稳定控制阀、EGR 电磁阀及点火系统等的工作状况。

6）测量转速。

7）输出脉冲信号。该功能用于检查无分电器点火系统的故障。

8）测量传感器输出的电信号频率。

9）测量二极管的性能。

10）测量大电流。配置电流传感器后，可以测量大电流。

11）测量温度。配置温度传感器后可以检查冷却液温度、尾气温度和进气温度等。

2. 万用表的功能

（1）测试项目　选择开关置于频率（Freq）档，黑线（自汽车万用表搭铁座孔引出）搭铁，红线（自汽车万用表公用座孔引出）接被测信号线，显示屏即显示被测频率。

（2）温度的检查　选择开关置于温度（Temp）档，按下功能按钮（℃/°F），将黑线搭铁，探针线插头端插入汽车万用表温度测量座孔，探针端接触被测物体，显示屏即显示被测温度。

（3）点火线圈一次侧电路闭合角的检查　选择开关置于闭合角（Dwell）档，黑线搭铁，红线接点火线圈负极接线柱，发动机运转，显示屏即显示点火线圈一次侧电路闭合角。

（4）频宽比的测量　选择开关置于频宽比（Duty Cycle）档，红线接电路信号，黑线搭铁，发动机运转，显示屏即显示脉冲信号的频宽比。

（5）转速测量　选择开关置于转速（RPM）档，转速测量专用插头插入搭铁座孔与公用座孔中，感应式转速传感器（汽车万用表附件）夹在某一缸高压点火线上，在发动机工作时，显示屏即显示发动机转速。

（6）起动机起动电流的测量　选择开关置于400mV档（1mV相当于1A的电流，即用测量电流传感器电压的方法来测量起动机起动电流），把霍尔式电流传感器连接到蓄电池线上，其引线插头插入电流测量座孔，按下最小/最大功能按钮，然后拆下点火高压线，用起动机转动曲轴2～3s，显示屏即显示起动电流。

（7）氧传感器的测试　拆下氧传感器线束插接器，将选择开关置于"4V"档，按下DC功能按钮，使显示屏显示"DC"，再按下最小/最大功能按钮，将黑线搭铁，红线与氧传感器相连；然后以快怠速（2000r/min）运转发动机，使氧传感器工作温度达360℃以上。此时，如混合气浓，氧传感器输出电压约为0.8V；如混合气稀，氧传感器输出电压为0.1～0.2V。当氧传感器工作温度低于360℃时（发动机处于开环工作状态），氧传感器无电压输出。

（8）喷油器喷油脉冲宽度的测量　选择开关置于频宽比档，测出喷油器工作脉冲频率的频宽比后，再把测试项目选择开关置于频率（Freq）档，测出喷油器工作脉冲频率（Hz），然后按下式计算喷油器喷油脉冲宽度：

$$S_p = \eta / f_p$$

式中　S_p——喷油脉冲宽度/ms；

　　　η——频宽比（%）；

　　　f_p——喷油频率/Hz。

项目二

二手车静态技术鉴定

任务一　填写二手车鉴定评估作业表

任务描述

车辆所有人在与二手车鉴定评估机构签订了委托协议后，二手车鉴定评估师需要根据实际情况对车辆进行检查。为方便日后评定估价，在进行车辆静态检查、动态检查和仪器检查的过程中，需要对所有检查结果进行详细记录。

任务分析

通过《二手车鉴定评估作业表》，记录二手车技术状况，并根据记录情况，为日后评定估算提供依据。

学习目标

1. 了解《二手车鉴定评估作业表》包含的内容。
2. 掌握《二手车鉴定评估作业表》各个填写要点。
3. 掌握《二手车鉴定评估作业表》填写注意事项。

建议学时

2 学时。

相关知识

一、二手车鉴定评估作业表的基本内容

二手车鉴定评估作业表是二手车鉴定评估师在现场评估过程中对车辆基本信息、车辆配置、静态检查、动态检查情况进行详细记录的工作表格。在评估过程中，应根据实际评估情况如实填写。待所有内容检查完毕，需要评估师和客户现场签字确认。评估作业表信息 3 天内有效。二手车鉴定评估作业表具体填写内容如下：

1. 客户信息

客户信息主要是指委托方（单位/个人）的基本信息。若为个人车辆委托，需要填写的车主信息包括车主姓名、有效证件（身份证、军官证或护照）号码、联系方式、邮箱及客户到店情况；若委托方为公司或企业，则在客户信息一项里要填写组织机构名称和代码、联系人姓名及联系方式，见表2-1。

表2-1　客户信息登记表

客 户 信 息			
车主姓名（个人/机构）：			
有效证件号码（个人/机构）：			
联系人：		□先生	□女士
手机：	电话：		
传真：	邮箱：		
客户为：	□首次评估客户	□再次评估客户	

2. 车辆信息

为了全面了解车辆信息，在进行车辆静态检查时，需要查看相关证件，如车辆行驶证、车辆登记证书、交强险副本，并根据相关证件中列明的信息填写车辆信息登记表，见表2-2。

表2-2　车辆信息登记表

车 辆 信 息	
厂牌：	型号：
颜色：	排量：
出厂年月：	初登日期：
VIN 码：	
表征里程：	
使用性质：□非营运车 □营运车	
排放标准：□黄　□国Ⅰ　□国Ⅱ　□国Ⅲ　□国Ⅳ　□国Ⅴ　□国Ⅵ　□京Ⅴ	
车型：□两厢　□三厢　□商务　□越野车　□面包车	
车牌号码：　　　　　发动机号：	
年审期限：　　年　　月　　保险期限：　　年　　月	

> 🔍 **小贴士**
>
> 填写车辆信息时，需要注意以下几点：
>
> 1）检查行驶证注明的车体颜色与实车本身颜色是否一致，若车主自己更换过车体颜色，需要详细询问原因，在进行评估前需要改回原色，谨防事故车辆。
>
> 2）VIN 码与车架横梁上的 VIN 码或前风窗玻璃上的 VIN 码一致，在记录的同时要拍照存档。
>
> 3）明确被评估二手车在年审有效期范围内，并且交强险有效。

3. 车辆配置信息

评估师在对车辆进行静态检查时，通过对发动机舱、内饰、底盘进行外观检查以了解车辆配置信息，见表2-3。通过静态外观检查评估师可快速了解车辆配置，从而给出合理的价值评估区间。

表2-3　车辆配置信息

配 置 信 息				
发动机形式	□横置　□纵置　□直列 □V形　□水平　_____缸	制动设备	□全盘式 □全鼓式 □前盘后鼓	
		ABS	□有 □无	
转向助力	□电动 □电动液压 □液压 □无	ESP	□有 □无	
车窗	□手动 □前电后手 □电动 □天窗	空调	□手动 □自动	
座椅	□布质 □皮质 □加热 □记忆	倒车辅助系统	□倒车雷达 □倒车辅助 □无	
	□手调 □电调	变速器	□MT □AT □CVT □AMT____档	
娱乐系统	□VCD □DVD	驱动方式	□2WD □4WD □AWD	
	□单碟 □多碟 □导航	内饰颜色	□深色 □浅色 □桃木	

4. 车辆静态检查

评估师在了解了车辆基本信息和车主基本信息后，需要对车辆进行静态检查和动态检查。其中，静态检查分为"安全部件"检查和"外观部件"检查两类。

（1）安全部件检查　车体安全部件检查的主要部件包括A、B、C柱和底大边，主要检查内容见表2-4。

表2-4　车辆静态检查信息表（安全部件）

安 全 部 件			
变形	烧焊痕迹	需烧焊	曾更换
B	S	XS	CG

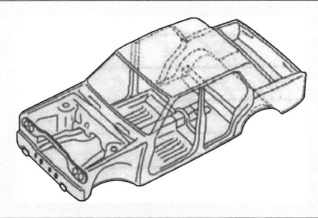

□完好　□更换车身　□火烧车　□泡水车

（2）外观部件检查　外观部件主要是指车体覆盖件，包括车门、车顶、翼子板、保险杠、发动机舱盖、行李舱盖等。外观部件检查见表2-5。

表2-5　车辆静态检查信息表（外观部件）

外 观 部 件				
需喷漆	需钣金	需更换	曾更换	曾喷漆
P	B	G	CG	CP

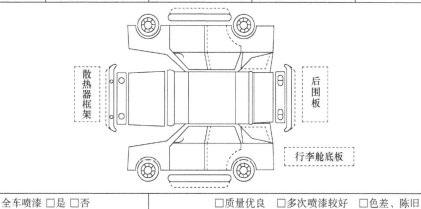

全车喷漆 □是 □否	□质量优良　□多次喷漆较好　□色差、陈旧

（3）车辆内饰部件和性能部件检查　对车辆内饰部件和性能部件进行检查，主要是确定是否存在内饰部件和性能部件翻新（F）及更换（G）的情况，若存在应在相应栏内以字母的形式注明，见表2-6。

表2-6　内饰部件和性能部件检查表

内饰部件								翻新：F 更换：G
车辆内饰	前仪表台	转向盘	变速杆及防尘套	左前车门内饰	左前座椅	左后车门内饰	后排座椅靠垫	右后车门内饰
后排座椅坐垫	右前车门内饰	右前座椅	安全带	地胶	脚垫	后隔板	其他	

性能部件										
左前轮胎	左前车门	左前门升降器	左后车门	左后轮胎	左后门升降器	油箱盖开启装置	行李舱盖开启装置	行李舱盖锁止机构	行李舱灯	备胎
尾气颜色	右后轮胎	右后车门	右后门升降器	右前车门	右前轮胎	右前车门升降器	发动机舱盖开启装置	发动机舱盖锁止机构	发动机外观	发动机冷却风扇
发动机管路	起动机	散热器	油漆漆面	刮水器装置	PLA 智能泊车辅助系统	转向灯开关	电动反光镜调节开关	空调系统	驻车制动/电子驻车系统	
多媒体系统	多功能转向盘	助力转向系统	中控门锁	制动系统	后窗加热除霜装置	车内顶灯	遮阳帘	车内后视镜	车厢内储物装置	车载电源

（4）仪器设备检查及底盘检查　二手车鉴定评估师通过仪器设备对底盘四大系统、发动机点火系统和燃油供给系统进行检查，检查是否存在故障，若无故障，则在表中"无故障"栏内打"√"；若发现故障现象，需要注明现象类型及下一步修复方案，见表2-7。

表2-7　仪器设备检查及底盘检查表

检查项目	故障描述
前悬架	□无故障　□左前减振器漏油　□右前减振器漏油　□轴距变形1.5cm以下　□轴距变形1.5cm以上
后悬架	□无故障　□左后减振器漏油　□右后减振器漏油　□后桥连杆变形
助力转向系统	□无故障　□转向机漏油　□助力油管漏油　□助力泵漏油
发动机、变速器、传动轴及万向节	□无故障　□传动轴松旷　□传动轴变形　□万向节橡胶套破损　□左外万向节需更换　□右外万向节需更换　□左内万向节需更换　□右内万向节需更换　□半轴油封漏油　□手动变速器后部漏油　□自动变速器油底壳漏油　□涡轮增压器漏油　□发动机下部漏油　□四驱装置异常
排气系统检查	□完好　□三元催化转化器损坏　□消声器损坏
左侧车身底边	□完好　□曾喷漆修复现漆面完好　□喷漆　□钣金　□曾更换　□需更换
右侧车身底边	□完好　□曾喷漆修复现漆面完好　□喷漆　□钣金　□曾更换　□需更换
车身底板	□无损伤　□轻微伤　□需烧焊修复　□有烧焊修复痕迹
制动系统	□无故障　□更换前制动盘　□更换前制动片　□更换后制动盘　□更换后制动片
ECU检查结果	□无故障　□发动机控制单元故障或无法检查　□自动变速器控制单元故障　□舒适系统电路故障　□发动机氧传感器故障　□发动机节流阀故障　□ABS传感器故障　□ABS泵偶发故障　□ABS泵失灵　□ESP失灵　□气囊控制单元失灵　□气囊灯报警，电路故障　□主气囊失灵　□副气囊失灵　□其他故障
火花塞	□无故障　□间隙>1.5mm
进、排气门/活塞	□无故障　□需清洁
气缸压力	□无故障　□压力异常
燃油喷嘴	□无故障　□喷注脉宽异常
水泵	□无故障　□异响　□漏水
轮胎螺栓拧紧力矩	□无故障　□力矩异常
蓄电池	□无故障　□充电异常
发电机	□无故障　□发电量异常

二、二手车鉴定评估作业表填写注意事项

1）在记录车辆"表征里程"时，需要打开钥匙开关，根据实时显示里程，如实填写。

2）在完成《二手车鉴定评估作业表》后，需要二手车鉴定评估师和车辆委托人分别签字，记录时间。

3）《二手车鉴定评估作业表》三天内有效。

任务二 检查事故车

任务描述

如图2-1所示，A、B、C柱为车身承载件，起支撑车身和维护。乘员安全的作用在车辆发生严重撞击或倾覆的时候，A、B、C柱能够有效避免驾驶舱因挤压而发生变形。

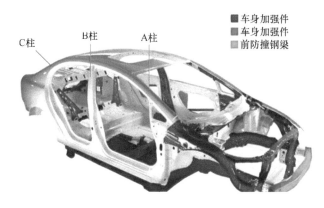

图 2-1 车身骨架结构

学习目标

1. 准确地判断车辆周正性。
2. 准确地检查车辆漆面情况。
3. 准确地检查车辆底盘情况。
4. 掌握 5 种缺陷状态，准确判断实车情况。

建议学时

2 学时。

相关知识

1. 检查车身周正性

检查车身是否发生过碰撞，可站在车的前部观察车身各部的周正、对称情况，特别注意观察车身各接缝，如出现不直、缝隙大小不一、线条弯曲、装饰条有脱落或新旧不一现象，说明该车可能出过事故或修理过。

扫一扫

碰撞事故车特征及
鉴定流程之
车辆整体检查

💡 **小贴士**

方法一：在汽车的前方5~6m处，蹲下沿着轮胎和汽车的外表面看汽车的两侧。在两侧，前、后车轮应该排成一直线；在汽车后面进行同样的观察，前轮和后轮应该成一条直线，如图2-2所示。

即使左侧前、后轮和右侧前、后轮互相成一条直线，但一侧车轮比另一侧车轮更突出车身也说明汽车曾经碰撞过。

方法二：蹲在前车轮附近，检查车轮后面的空间，即车轮后面与车轮罩后缘之间的距离。用钢卷尺测量这段距离；再转到另一前轮，测量车轮后面和车轮罩后缘之间的距离。两次测量结果应大致相同。在后轮测量同一间隙，如果发现左前轮或左后轮和它们的轮罩之间距离与右前轮或右后轮的相应距离大为不同，说明车架或整体车身弯曲了，如图2-3所示。

图2-2　检查汽车两侧的前、　　　　图2-3　测量每个车轮后面与
后轮是否在同一直线上　　　　　　　　车轮罩后缘之间的距离

扫一扫　　　　　扫一扫　　　　　扫一扫　　　　　扫一扫

碰撞事故车特征及
鉴定流程之
前方检查

碰撞事故车特征及
鉴定流程之
后方检查

碰撞事故车特征及
鉴定流程之
左侧方检查

碰撞事故车特征及
鉴定流程之
右侧方检查

2. 检查漆面脱落情况

查看排气管、镶条、窗户四周和轮胎等处是否有多余油漆。如果有，说明该车已做过喷漆或翻新。

💡 **小贴士**

方法一：用漆面测量仪测量车身各处的油漆厚度，当测头与覆层接触时，测头与磁性金属基体构成一闭合磁路，由于非磁性覆层的存在，使磁路磁阻发生变化，通过测量其变化量，可测得其覆层的厚度。若油漆过厚，说明该车局部补了灰，做过喷漆，如图2-4所示。

方法二：用一块磁铁贴附车身周围移动，如遇到突然减少磁力的地方，说明该局部补了灰，做过喷漆。

当用手敲击车身时，如敲击声发脆，说明车身没有补过灰做过喷漆；如敲击声沉闷，说明车身曾补过灰做过喷漆。经喷漆修复后的常见问题如图2-5所示。

图2-4 用油漆厚度检查仪测量车身各处的油漆厚度

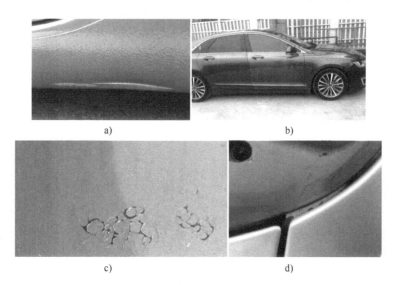

图2-5 喷漆修复后的常见问题

a) 橘皮纹 b) 漆面色差 c) 漆面龟裂 d) 喷漆残留

如果发现新漆的迹象，应查找车身制造不良或金属抛光的痕迹。沿车身看，查找是否有像波状或非线性翼子板或后顶盖侧板那样的不规则板材。如果发现车门、发动机罩、行李舱盖等配合不严，汽车可能遭受过碰撞。换句话说，车架已经弯曲。

3. 检查底盘线束及其连接情况

未发生事故的车辆在正常情况下，其连接部件应配合良好，车身没有多余焊缝，线束、仪表部件等应安装整齐、新旧程度接近。因此，在检查车辆底盘时，应认真观察车底是否漏水、漏油、漏气；锈蚀程度与车体上部检查的是否相符，是否有焊接痕迹，如图2-6所示。车辆转向节臂、转向横直拉杆及球销有无裂纹和损伤，球销是否松旷，连接是否牢固可靠；车辆车架是否有弯、扭、裂、断、锈蚀等损伤；螺栓是否齐全、紧固；车辆前后是否有变形、裂纹；固定在车身上的线束是否整齐，新旧程度是否一致等。这些都可以作为判断车辆是否发生过事故的线索。

4. 检查车体缺陷部位

如图2-7所示，检查车辆外观，判断车辆是否发生过碰撞。

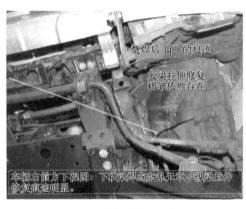

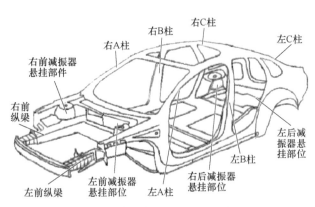

图 2-6　车辆右前方下视图　　　　　　图 2-7　检查车体缺陷部位示意图

使用检查工具或设备检查车体左右对称性，并用油漆厚度检查仪检查其涂层厚度，判断是否有变形、扭曲、更换、烧焊、褶皱 5 种缺陷，有任何一种缺陷，说明该车为事故车。

车体状态的五种缺陷如下：

BX——变形，指的是车体结构受外力作用而产生体积或形状的改变，如图 2-8 所示。

NQ——扭曲，指的是车体结构因外力作用而扭转变形，如图 2-9 所示。

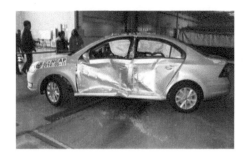

图 2-8　车门变形　　　　　　　　　　图 2-9　B 柱扭曲

GH——更换，由于车体原有结构部分无法使用而替换焊接。

SH——烧焊，烧焊又称气焊，是使用乙炔气体作为燃烧源，混合氧气一起从焊枪射出，点燃后焊接金属构件，有些特有金属极易氧化（如铝），还要加上惰性气体保护，如图 2-10 所示。

ZZ——褶皱，车体结构因受力而发生一系列波状的弯曲变形，如图 2-11 所示。

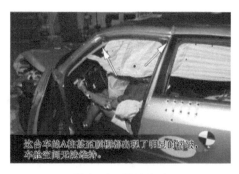

图 2-10　烧焊痕迹　　　　　　　　　　图 2-11　褶皱痕迹

任务三 检查车身外观

 任务描述

图2-12为一辆二手车左侧情况，检查时要注意车门是否平整，周边是否有间隙，装饰条是否变形、老化，A、B、C柱是否有过焊接、喷漆痕迹，是否自然平顺，有没有变形等。

图2-12　车辆左侧

任务分析

二手车鉴定评估师在进行车辆外观检查时，主要看有没有重新做过喷漆的痕迹，车身曲线是否流畅自然，有没有大面积的凹凸不平，车门、发动机舱盖这些部位同车身结合的缝隙是否均匀一致，车辆各灯具老化情况是否相同，玻璃品牌及生产日期是否一致，轮胎品牌一致性和磨损情况等。

 学习目标

1. 准确地判断车辆各个部位的玻璃是否更换。
2. 准确地判断翼子板、翼子板内衬是否存在拆装、更换、钣金和喷漆等情况。
3. 准确地判断保险杠是否存在色差、可见伤和更换等情况。
4. 准确地判断前照灯是否存在更换、破损、水雾及裂痕等情况。
5. 准确地判断发动机舱盖表面是否做过喷漆或钣金，发动机舱盖锁及液压杆是否能正常使用。
6. 准确地判断车门、柱体、底大边是否做过喷漆、钣金等。

 建议学时

4学时。

 相关知识

一、车身外观检查内容

（1）车辆右前方/车辆左前方　检查车身右侧线条是否顺直、凹陷、掉漆及两侧车身线条是否对称。

（2）车辆正前方　检查车辆前风窗玻璃是否更换，查看玻璃生产日期；检查保险杠、发动机舱盖有无明显变形、损坏，有无矫正、重新补漆的痕迹；发动机舱盖锁、发动机舱盖液压支撑杆是否能正常使用。

（3）车辆左前翼子板处　检查车辆左前照灯是否有老化伤痕或更换改装，鉴别新旧是否一致；左前翼子板与发动机舱盖间缝隙、车灯与右侧发动机舱盖间缝隙、车灯间缝隙是否对称、均匀顺直；漆面是否有橘皮、颗粒感、色差、凹凸不平、划痕、飞漆。

（4）车辆左前/后轮胎　检查车辆左前/后轮轮胎胎纹深度，胎面磨损是否均匀，是否有扎胎，轮胎胎压是否处于正常值范围。

（5）车辆左前/后门　检查左前/后门车窗玻璃是否更换，查看玻璃生产日期；检查左前门漆面是否有橘皮、颗粒感、色差、凹凸不平、划痕、飞漆。检查 A/B 柱、B/C 柱、底大边是否有过修复、喷漆痕迹，是否自然平顺，有没有变形。

（6）车辆左后翼子板　检查车辆左后尾灯是否有老化伤痕或更换改装，鉴别新旧是否一致。左后翼子板与行李舱盖、车尾灯间缝隙与右侧行李舱盖、车尾灯间缝隙是否对称、均匀顺直。漆面是否有橘皮、颗粒感、色差、凹凸不平、划痕、飞漆。

（7）车辆正后方　检查车辆后风窗玻璃是否更换，查看玻璃生产日期；检查车辆行李舱漆面是否有橘皮、颗粒感、色差、凹凸不平、划痕，保险杠有无明显变形、损坏，有无矫正、重新补漆的痕迹；检查行李舱围板是否做过钣金，行李舱液压支撑杆是否正常。

（8）车辆顶部　检查车辆顶部漆面是否有橘皮、颗粒感、色差、凹凸不平、划痕、钣金，天窗玻璃是否完好，胶条是否有老化。

> 💡 **小提示**
>
> 车辆右侧与左侧检查内容及要点相同。

二、车身外观检查要点

1. 检查车辆腰线、漆面

（1）腰线　主要查看腰线是否顺直对称，腰线采用冲压工艺制造而成，有一定的修复难度，如图 2-13 和图 2-14 所示。

看外观，是否有重新做过喷漆的痕迹，曲线部位的结合处线条是否流畅，大面是否凹凸不平，车门和发动机舱盖同车身结合处缝隙是否一致、整齐，间隙是否过大，如图 2-15、图 2-16、图 2-17、图 2-18 所示。

扫一扫

如何判断一辆二手车是否"做漆"

图 2-13　车辆右前 45°

图 2-14　车辆左前 45°

图 2-15　车辆正前方

图 2-16　车辆左侧

图 2-17　车辆正后方

图 2-18　车辆右侧

（2）漆面　主要看它的表面是否有色差、橘皮、飞漆以及流挂等。

1）看漆面颜色。

2）看车身平整度。特别是有大面积撞伤的部位，补腻子的面积比较大，在工人打磨腻子时往往磨不平，因而补过漆后，车身表面看上去如同微微的波浪一样凹凸不平，如图2-19所示。

3）油漆质量。补过漆的车辆表面往往有如下质量问题：丰满度不如原车的油漆；油漆表面有橘皮、垂流、针孔、气泡、龟裂、泛色、腻子印、咬底，如图2-20和图2-21所示。

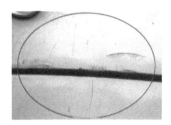

图2-19　补过漆的车从门框缝隙处能很容易看出来　　图2-20　补过漆的车身时间久了会出现爆皮现象　　图2-21　补漆的痕迹、裂痕和爆皮

（3）漆膜厚度的检查

1）发动机舱盖/车顶/行李舱取样点。取正中、前、后、左、右5个点测量。每个点采集三次数据并取平均值，得出细节平均值，然后将5个点的平均值求平均算出部件漆膜厚度的平均值，如图2-22所示。

2）翼子板/前后门取样点。车身侧面取翼子板3个点以及前后门各5个点，测量方法依旧是每个点测量三次取平均值得到细节平均厚度，然后将细节平均厚度取平均，得到部件漆膜厚度的平均值，如图2-23所示。

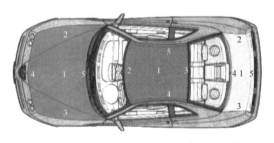
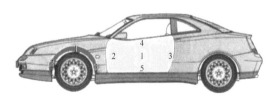

图2-22　发动机舱盖/车顶/行李舱取样点　　　　图2-23　翼子板/前后门取样点

3）大多数车辆正常漆面数值为：$80 \sim 150 \mu m$。

① 黑色的福特新款福克斯。整体漆面平均厚度为$100 \sim 136 \mu m$，数值在正常范围内，前翼子板和前门厚度平均值较高，可能有局部喷漆，如图2-24所示。

② 黑色的斯柯达昊锐。各部件漆面厚度平均值达到了$124 \sim 154 \mu m$，部分部件漆面厚度高于正常漆面厚度范围，说明可能有局部喷漆，若高于$200 \mu m$以上，就是有问题的，应重点排查一下，如图2-25所示。

2. 检查覆盖件结合部位间的缝隙

缝隙：看左右是否对称、是否一样。一般的乘用车都是由前保险杠、左右前翼子板、前发动机舱盖、车顶、四个车门、左右后翼子板、行李舱盖、后保险杠13块板拼成。每一辆车下线生产出来，这13块板之间的缝隙是均匀并且一致的，保证车辆看起来美观、协调。

图2-24 福特新款福克斯，整体漆面平均值

图2-25 斯柯达昊锐，各部位漆面平均值

一旦有过撞击，边缝就会有褶皱断裂等变化，想要恢复出厂设置是很难的。对车身的缝隙检查主要有两点：一是看边缝是否左右一致，二是看车漆颜色是否一致。

3. 检查前/后风窗玻璃、门窗玻璃

（1）汽车玻璃上的标识符号 如图2-26所示。

（2）汽车玻璃检查的注意事项

1）品牌。四个车窗的玻璃是不是同一个品牌。

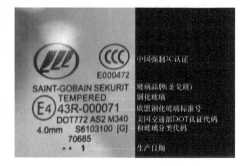

图2-26 力帆车窗玻璃

2）出厂日期。在每一串符号的最下面都会有编号对应着出厂日期。比如："..1"，"1"表示年份；黑点在"1"前，表示上半年生产；黑点在"1"后，则表示为下半年生产。

小知识

计算具体的月份公式：

上半年生产的玻璃计算公式为：7减去黑点数，以"图2-26力帆车窗玻璃"为例，出厂月份为：7-2=5，这就表明，前风窗玻璃的玻璃出厂时间为：×××年5月。

下半年生产的玻璃计算公式为：13-黑点数，比如在"1"的后边有三个黑点，那么出厂月份为：13-3=10，也就说明出厂时间为：×××年10月。

查看玻璃封边痕迹，年代编号与车辆出厂时间比对，与全车玻璃出厂时间比对，查看破损、更换和修复痕迹。前/后风窗玻璃还需看刮水器对玻璃的磨损程度或被石子砸伤的痕迹，如图2-27所示。

原厂汽车玻璃都会有玻璃品牌logo、厂家logo和生产日期，如果生产日期相差很大或是没有厂家logo说明一定是后换的，如图2-28所示。

4. 检查前/后翼子板

（1）前翼子板 用漆面测量仪检查漆面，查看螺钉是否有过拆装痕迹，左右间隙是否平均一致，查看是否更换、钣金和喷漆修复，有无可见伤，如图2-29所示。

图 2-27 前风窗玻璃　　　　　　　　　　图 2-28 玻璃标志

（2）后翼子板　用漆面测量仪检查漆面，拆开后门洞封条，查看边缘焊点，有无切割更换翼子板。

后翼子板与车身中层相连，修理难度较大。有些后翼子板明显破损的情况需要从 B 柱、C 柱附近将后翼子板切下修理或更换，如图 2-30 所示。

5. 检查前/后翼子板内衬

1）前翼子板内衬：查验拆装痕迹、安装间隙、表面磨损和可见痕迹，有无修复、切割、焊接、更换。

2）后翼子板内衬：打开行李舱，拆开内衬，查验切割焊接更换痕迹，有无打胶喷漆。

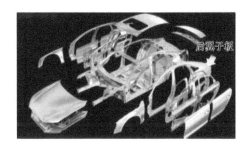

图 2-29 前翼子板　　　　　　　　　　图 2-30 后翼子板

6. 检查前/后保险杠

1）前保险杠：查看部件接触间隙，左右对比判断是否有碰撞修复，保险杠体表面是否有色差、钣金、可见伤和更换。

2）后保险杠：用漆面测量仪检查漆面，查看部件接触间隙，左右对比判断是否有碰撞修复，缸体表面是否有色差、钣金、可见伤和更换。

另外，还可查看前保险杠与翼子板间的间隙是否均匀，如图 2-31 所示。

7. 检查前照灯

使用手电筒观察，按动前照灯灯体无松动，灯罩表面无划痕、破损、水雾、裂痕现象。

查看前照灯内部是否有淤泥、脏物、水汽等，左右两侧前照灯新旧程度是否一致，如图 2-32 所示。

图 2-31　前保险杠与翼子板间的间隙　　　　图 2-32　进水前照灯与正常前照灯

（1）两边车灯亮度不均　如果接通前照灯后，不论是远光还是近光，均只有一侧前照灯灯光较亮，而另一侧灯光暗淡，其原因就可能是灯光暗淡一侧的前照灯的灯头接触不良或锈蚀，使接触电阻增大；另一种情况是车灯内的反射镜出现氧化或积有灰尘造成聚光不充分。

（2）前照灯不亮

1）一侧前照灯不亮，通常是灯丝烧断或线路接触不良引起的，可更换烧坏的灯泡。换灯泡后仍不亮，说明线路有故障，可逐段查找并排除故障。

2）左右两侧的前照灯全都不亮，可能是熔断器烧断，更换相同容量的熔断器即可。

（3）前照灯出现雾气　车辆前照灯出现雾气有两种可能：一是由于车辆密封不良造成进水；二是温差或高湿度潮气引起。

（4）前照灯新旧不一致　前照灯的新旧程度不一致、灯位缝隙左右不均，说明该车辆可能出过事故，曾经更换过前照灯。

（5）检查前照灯固定支架

日系车型的前照灯一般都没有日期，这会给评估带来一定的麻烦，应从损伤部位往回推。

左侧前照灯明显可以看出更换痕迹，左侧前照灯固定支架螺栓锈蚀，如图 2-33 所示。图 2-34 左侧前照灯后部支架图显示的位置是左侧前照灯后部支架，明显有撞击变形的痕迹。

图 2-33　左侧前照灯固定支架螺栓锈蚀　　　　图 2-34　左侧前照灯后部支架

还可通过检查前照灯清洗装置判断，即打开点火开关，开启远光，按动喷水按钮，前照灯清洗装置是否工作正常无卡滞、失效等现象。

8. 检查发动机舱盖、发动机舱盖装饰件、发动机舱盖锁、发动机舱盖液压支撑杆

1）发动机舱盖：查看铰链和边缘封胶以及前发动机舱盖锁定状态情况下，左右间隙是否平均一致，查看是否做过更换、钣金和喷漆修复，有无色差，如图 2-35 所示。

查看发动机舱盖内部各个孔洞有无变形，是否为原厂封胶条，如图 2-36 所示。

检查发动机舱盖两边接缝是否整齐，左右是否对称

图 2-35 发动机舱盖接缝

是否为原厂封胶条
各个孔洞有无变形
检测发动机舱盖内部

图 2-36 发动机舱盖内部

2）发动机舱盖装饰件：观察发动机舱盖装饰件固定胶墩是否丢失、老化、损坏，发动机舱盖装饰件是否丢失。

3）发动机舱盖锁：扳动驾驶舱发动机舱盖开关，开关无卡滞、损坏，扣下发动机舱盖能正常关闭锁止。

4）发动机舱盖液压支撑杆：抬起发动机舱盖，支撑杆无变形、泄压、无法支撑等现象。

9. 检查行李舱盖、行李舱围板、行李舱液压支撑杆、后尾灯、油箱盖

1）行李舱盖：用漆面测量仪检查漆面，查看铰链和边缘封胶以及行李舱锁定状态情况下，左右间隙是否平均一致，是否做过更换、钣金和喷漆修复，有无色差，如图 2-37 和图 2-38 所示。

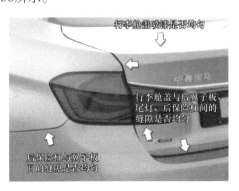
行李舱盖喷漆是否均匀
行李舱盖与后翼子板、尾灯、后保险杠间的缝隙是否均匀
后保险杠与翼子板间的缝隙是否均匀

图 2-37 行李舱

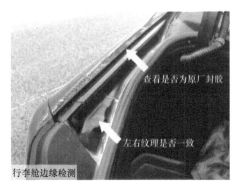
查看是否为原厂封胶
左右纹理是否一致
行李舱边缘检测

图 2-38 边缘封胶

2）行李舱围板：查验封胶，确认有无钣金修复、严重变形、焊接、锈蚀和更换。

3）行李舱液压支撑杆：开启行李舱，行李舱盖无回落痕迹。

4）后尾灯：使用手电筒观察，按动两侧后尾灯灯体无松动，表面无划痕、破损、水雾、裂痕现象。

所有原厂尾灯都有编号，虽然厂家间编号规则不同，但一定有流水号并且不相同，若编号相差太多或者编号格式不同，说明更换过，如图 2-39 所示。

5）油箱盖：搬动油箱盖开关，油箱盖应开启正常无卡滞现象。

10. 检查前/后车门、A/B/C/D柱、两侧底大边

1）前车门：查看铰链和边缘封胶以及前门锁定状态情况下，左右间隙是否平均一致，查看是否做过更换、钣金和喷漆修复，有无色差。

2）后车门：用漆面测量仪检查漆面，查看铰链和边缘封胶以及后门锁定状态情况下，左右间隙是否平均一致，查看是否做过更换、钣金和喷漆修复，有无色差。

图2-39　后尾灯编号

检查车门是否平整，周边是否有间隙，装饰条是否有变形、老化等损坏，如图2-40所示。看B柱门缝线条是否过大，是否整体平整，有没有变形，如图2-41所示。看门的局部，胶条是否变形或老化，如图2-42所示。车辆A柱前门内侧是否正常，螺钉是否牢固，如图2-43所示。检查车辆的底边门框是否变形，如图2-44所示。检查门框是否平整，密封胶条是否老化，漆面是否有补漆的痕迹，如图2-45所示。

3）A/B/C/D柱：检查是否有过修复、喷漆痕迹，是否自然平顺，没有变形。

看A柱的漆面是否均匀，在于玻璃间的缝隙有无重新喷漆的迹象，用手摸上去是否有凹凸感。A柱表面上还有一层覆盖件，覆盖件相对A柱会更容易更换。如果A柱本身与表面覆盖件存在不均匀贴合的话，轻轻敲击的声音会相差很大，如图2-46所示。

图2-40　车门

图2-41　门缝线

图2-42　胶条

图2-43　固定车门的螺钉

图2-44　底边门框

图2-45　门框

图 2-46 检查 A 柱表面的覆盖件

检查 B 柱是否有过修复、喷漆痕迹，是否自然平顺，没有变形，没有修整的痕迹，如图 2-47 所示。

检查 C 柱是否有过修复、喷漆痕迹，如图 2-48 所示。

MPV 都会存在 D 柱，检查 D 柱是否有过修复、喷漆痕迹，如图 2-49 所示。

4）两侧底大边：检查车辆底大边是否有焊接、变形、破损，如图 2-50 所示。

11. 检查轮胎

（1）品牌　对于二手车的 4 条轮胎品牌要一一检查，通常普通轿车的轮胎可以行驶 4 万 km。

图 2-47 检查 B 柱

（2）生产日期　若 4 条轮胎的品牌是一样的，但生产日期不同的话，尤其是轮胎生产日期要早于车辆出厂日期的话，应仔细查看胎纹。

图 2-48 检查 C 柱

图 2-49 检查 D 柱

图 2-50 检查底大边

（3）制动片或制动盘磨损程度　一般新的制动片的厚度约为 1.5cm，它会随着使用时间的增加不断摩擦而逐渐变薄。

汽车制动片更换周期为 4 万 ~ 6 万 km。值得注意的是前后轮制动片的更换周期不同，后轮的更换周期会更长一些，车辆在制动的时候重心会向前移，前轮承受的力要比后轮大很多，比例大概为 7∶3，所以前轮更换周期更快。

在每个制动片前端，都有一个金属感应器，它的厚度一般为 2mm，如果制动片磨损达到 2mm，应更换。同时，我们也可以根据声音进行判断，当踩制动踏板时，听到车辆附近有明显的金属与金属的磨损声，就需要检查是否需要更换制动片。

制动盘的更换周期一般为 10 万 km，一般来说更换两次制动片，需更换一次制动盘。

（4）轮胎的磨损　轮胎磨损大致分为以下几种情况：

1）外侧边缘磨损，如图 2-51 所示。

① 原因：如果轮胎的外侧边缘有较大的磨损，说明轮胎经常处于充气不足的状态，即压力不够。

② 解决办法：检查轮胎压力。可按"高速公路"标准充气，即比正常标准多加 30kPa。

2）凸状及波纹状磨损，如图 2-52 所示。

① 原因：轮胎着地部分的两侧呈凸状磨损，而且轮胎周边也呈波纹状磨损，说明车的减振器、轴承及球形联轴节等部件磨损较为严重。

② 解决办法：先检查悬架系统的磨损情况并更换磨损部件。

图 2-51 外侧边缘磨损

3）表面均匀磨损，如图 2-53 所示。

① 原因：轮胎的均匀磨损是正常现象，一旦花纹磨干，必须更换轮胎。

② 解决办法：如果磨损已达轮胎花纹的标准深度，就要更换。同一根车轴上不同轮胎的磨损差别不得超过 5mm。

4）轮胎内的"暗伤"，如图 2-54 所示。

① 原因：车辆与硬物发生冲撞后，或在瘪胎状态下行驶后，轮胎的橡胶层会有严重划痕，影响密封程度。

② 解决办法：如创面较小可以修补，以应不时之需。但若想长途行驶必须立即更换。

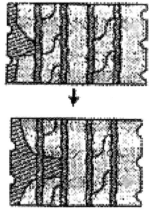

图 2-52 凸状及波纹状磨损

5）中心部分磨损，如图 2-55 所示。

图 2-53 表面均匀磨损

图 2-54 轮胎内的"暗伤"

图 2-55 中心部分磨损

① 原因：轮胎着地部分的中心面积出现严重磨损情况，说明轮胎经常处于充气过满的状态，这会加速轮胎的磨损。

② 解决办法：检查压力表是否精确并调整好压力。

6）轮胎侧面裂纹，如图 2-56 所示。

① 原因：保养不善或行驶于多石子的路面及建筑工地上，以致坚硬物体接触到轮胎，在重压下造成了轮胎内层的破损。

② 解决办法：如修理费用太贵，以更换轮胎为妥。

7）轮胎出现鼓泡，如图 2-57 所示。

① 原因：轮胎内层有裂纹而造成气体通过裂纹达到表层，最终会导致轮胎"放炮"。

② 解决办法：及时更换轮胎。

8）轮胎内侧磨损，如图 2-58 所示。

图 2-56　轮胎侧面裂纹　　　　图 2-57　轮胎出现鼓泡　　　　图 2-58　轮胎内侧磨损

① 原因：轮胎内侧磨损、外层边缘呈毛刺状。

② 解决办法：更换减振器、球形联轴节。

9）轮胎局部磨损，如图 2-59 所示。

① 原因：如果轮胎表面只有一块大面积磨损，说明是紧急制动时车轮抱死造成的，如果前后轮有两块相同的磨损，说明鼓式制动器有故障。

② 解决办法：必须更换轮胎。为应付急用可以把旧轮胎暂时换到后轮，以保证安全。

（5）轮毂　仔细检查轮毂有无撞击、磨损及喷漆翻新的痕迹，若有则表示可能出现过事故。另外，将车架起来，用手转动车轮，应平稳无噪声；反之，说明该车存在安全隐患。

12. 检查车顶

使用漆面测量仪按照网状检查顺序检查，四边和中心区域的检查点间距不超过 10cm，应无变形、切割、碰撞事故造成的钣金修复，漆面以漆面测量仪检查数据为依据，正常数据范围 60~180μm，如图 2-60 所示。

图 2-59　轮胎局部磨损　　　　　　　图 2-60　检查车顶

* *

小知识

如果车辆有天窗，也需要检查。天窗的检查流程如下：

（1）检查天窗工作是否正常　检查天窗开关时是否有异响和抖动。如果有异响或是抖动，一般是因为滑轨上有沙尘或是润滑不良。此外还应该听天窗电动机的声音是否"顺滑"，电动机在发生故障前一般都会发出"虚脱"的声音。

（2）检查导水槽内是否清洁　天窗水槽内除了浮土外，任何异物都可能造成排水管路的堵塞，或是造成天窗的异常磨损。前部的挡板下方水槽应重点检查。

（3）检查天窗排水管路是否通畅　一般车型都具有左前、右前、左后、右后 4 条排水管，以便天窗水槽内的积水顺利排出车外，避免积水渗入车内，如图 2-61 和图 2-62 所示。

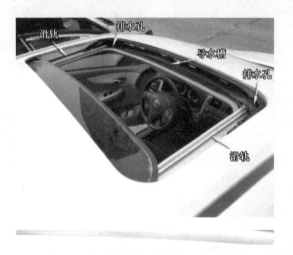

图 2-61　天窗

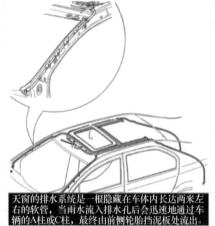

天窗的排水系统是一根隐藏在车体内长达两米左右的软管，当雨水流入排水孔后会迅速地通过车辆的A柱或C柱，最终由前侧轮胎挡泥板处流出。

图 2-62　天窗排水系统

检查排水时，将车辆停放在缓坡上，首先车头朝下，应持续并缓慢地向水槽中倒入水，切勿倒水过猛导致水从水槽内溢出。

如果在前轮附近的排水口有连续的水流流出说明排水正常，如果水槽中水下降缓慢，并且水流不通畅说明排水管堵塞。一部分车型的天窗排水口在前后轮附近。另外，有些车型天窗前排水口在前车门铰链处，其余 3 个排水口以此类推来检查，后排水口在后轮附近。

任务四　检查发动机舱

 任务描述

如图 2-63 所示，对发动机舱进行检查时重点检查发动机舱的清洁情况，发动机舱盖铰链，发动机盖锁，两侧翼子板内衬，前照灯框架等部件情况。

图 2-63　发动机舱

任务分析

发动机舱是发生正面碰撞时最先接收碰撞力并发生变形的部位。大部分事故车，车头部分都会有损伤，所以在二手车检查过程中，发动机舱的检查是非常重要的，其完好情况会直接影响二手车价格。

学习目标

1. 能鉴别翼子板内衬板、减振器座、防火墙是否有修复或更换。
2. 能鉴别前防撞钢梁及吸能盒、车身前部纵梁是否有变形。
3. 能鉴别发动机、变速器是否有拆卸，线束与油管是否有渗漏或破损。
4. 能鉴别散热器框架是否进行过更换、维修。
5. 能鉴别前照灯框架是否存在损坏、维修。

建议学时

4 学时。

扫一扫

碰撞事故车特征
及鉴定流程之发
动机舱检查

相关知识

一、车头部位钣金结构部件的检查要点

（1）发动机舱盖漆面、盖锁　检查漆面是否完好，有无钣金修复情况；盖锁开关是否完好，是否存在修复迹象。

（2）发动机舱盖铰链　检查铰链螺钉是否有拧动痕迹，螺母、螺钉的漆面是否有划痕，边缘密封胶体是否存在修复痕迹。

（3）防火墙　检查防火墙上的隔声、隔热防火设备是否有拆装痕迹，是否存在损伤。

（4）减振器座　检查减振器座上的减振器螺钉是否有拧动痕迹，检查胶体、原厂焊点是否正常，是否有修复痕迹，是否变形。

（5）翼子板内衬　检查内侧螺母是否有拧动痕迹，判断是否有修复或更换迹象，检查轮眉内部是否有异常，检查胶体、原厂焊点是否正常。

（6）前部纵梁　检查纵梁根部是否存在变形或修复迹象。

（7）吸能盒　检查吸能盒是否存在变形或修复迹象。

（8）发动机、变速器及线束管路　检查发动机、变速器是否有渗油情况，判断是否属于正常渗油。检查发动机油液是否正常无缺漏、变质等情况，若出现异常做到及时提醒客户。

（9）防撞梁　检查防撞梁是否存在变形或修复迹象。

（10）散热器支架　检查散热器支架及散热器固定部件是否存在变形或修复迹象。

（11）前照灯支架　检查前照灯支架及前照灯固定部件是否存在变形或修复迹象。

> ### 小提示
>
> 除此之外，还需要检查发动机舱内是否存在一些不规则的泥沙，熔丝盒内是否沉积泥沙，由此判断车辆是否存在泡水迹象。检查前部底盘是否存在托底现象，主要排查三角臂、元宝梁、驱动半轴是否因事故或因托底造成更换。

二、车头部位在实际检查中的难点解析

1. 发动机舱盖

一般发生正面碰撞都会伤及发动机舱盖，会造成发动机舱盖周边扭曲变形，如图 2-64

所示。

在给发动机舱盖重新进行钣金喷漆时，会将固定隔声棉的塑料卡扣拆掉，检查时只需关注卡扣是否动过，有没有缺失，如图 2-65 所示。

图 2-64　发动机舱盖扭曲变形

图 2-65　隔声棉卡扣

发动机舱盖是否重新喷漆，可用漆面测量仪进行检查。检查发动机舱盖铰链的螺母有无拆卸痕迹，大部分车辆的出厂螺母都带有完整涂漆，如果发动机舱盖螺母被拆装过，螺母下的垫片或者螺母本身与之前的痕迹对比，会出现明显的错位痕迹，此迹象表明发动机舱盖有更换、做漆或修复的可能。

最后要检查密封胶条是否整齐规则、发动机舱盖锁扣是否有拆装过的情况。

2. 散热器框架支架、前照灯

打开发动机舱盖后，检查龙门架及散热器框架的连接位置，是否有拆卸和生锈的痕迹。检查散热器框架上支架是否有动过的痕迹。散热器框架位于发动机舱的靠前位置，发生交通事故后，很容易导致其变形，所以检查时，重点检查散热器框架是否有钣金修复过的痕迹。

观察散热器框架与翼子板内衬连接处的螺钉是否有拧动过的痕迹，如果被拧动过，会出现错位的痕迹；如果螺钉上的油漆消失，或者螺钉有明显被拧动的痕迹，则可判定车辆发生过事故且更换过散热器框架。最后检查散热器和翼子板上纵梁结合部分的焊接点，如果发现焊点呈凸出状，有失圆或大小不一的点焊，焊点粗糙不光滑，排列不规则、不均匀，表明是重新烧焊的痕迹，散热器框架受到过撞击。检查过程中，需要注意散热器框架上是否贴有标签，一般原厂的散热器框架上贴有标签，如图 2-66 所示，而后换的一般没有标签。检查左右前照灯的位置和日期是否一致，原厂车灯的日期一般贴有标志，或拿油漆喷涂，副厂前照灯一般没有日期标识。

图 2-66　散热器框架标签

3. 两侧前翼子板内衬

当车头部位发生撞击事故时，前翼子板会受到撞击，很可能导致发动机舱内侧受伤。鉴定车辆时一定要仔细观察翼子板内衬的状况，如果发现存在钣金修复的痕迹，说明发生过碰撞。同时还应检查翼子板边缘是否有褶皱痕迹，固定翼子板的螺钉是否发生错位，如果存在这些现象说明翼子板被碰撞过。此外还需检测翼子板漆面和两侧翼子板厚度，漆面有色差或者是两侧翼子板厚度不同，说明翼子板被更换过。

4. 前纵梁

汽车前纵梁的主要作用是吸取车辆正面碰撞后所产生的能量，虽然大部分车型已装配了前防撞梁，但是在发生严重撞击事故时，真正起到保护作用的还是前纵梁，如图 2-67 所示。

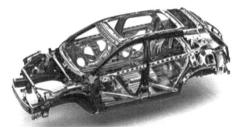

由于车辆的结构设计，前纵梁一般在发动机舱的中下端，因此在检查的时候还需借助手电筒等工具。在检查过程中，如果发现前纵梁有明显褶皱或者被钣金修复后的痕迹，那么车辆很可能出现过碰撞事故。如果褶皱不明显，我们可以对比观察前纵梁两侧的漆面是否一致，如果两侧漆面不一致或已经脱落，说明该车可能受到过撞击。

图 2-67 前纵梁

三、检查发动机舱各个系统

1. 检查发动机的外部情况

1）打开发动机罩，观察发动机表面清洁程度是否与车辆使用强度相符，是否有油污，是否锈蚀，是否有零部件损伤或遗失，导线、电缆、真空管是否松动，如图 2-68 所示。

2）检查气门室盖的密封垫和气缸垫是否更换过，由此可以判断发动机是否曾被拆解过、维修是否规范。

2. 检查发动机铭牌和排放信息标牌

1）检查发动机铭牌，如图 2-69 所示。查看发动机铭牌是否有变形或损坏，铭牌上车辆信息是否有改动的痕迹。如果有，检查上面是否有发动机型号、出厂编号、主要性能指标等，这可以判别发动机是不是正规出厂。

图 2-68 发动机舱油渍

图 2-69 发动机铭牌

2）查看排放信息标牌。排放信息标牌应该在发动机罩下的适当位置或在风扇罩上。

3. 检查发动机冷却系统

（1）冷却液的检查

1）从副散热器查看冷却液的量是否在标准范围内。

2）冷却液颜色应该是浅绿色的（也有些冷却液是红色的）。

3）冷却液中不应有油料浮动。

4）冷却液闻起来不应该有汽油味或机油味，如果有，应检查气缸型的密封性。

（2）散热器的检查

1）检查散热器外观，应该是无损伤、无渗漏、无污物。

2）打开散热器盖，散热器内部清洁无污垢，散热器盖密封垫良好。

仔细全面地检查散热器水室和散热器芯，查看是不是有褪色或潮湿区域。散热器芯上所有的散热片应该是同一颜色的。当看到散热器芯区域呈现浅绿色（腐蚀产生的硫酸铜），说明在此区域有针孔泄漏，如图 2-70 所示。

（3）水管管路的检查

1）检查软管外表应光洁无老化，无破损，无变形或局部鼓包。用手挤压软管，应富有弹性，而不是又硬又脆。

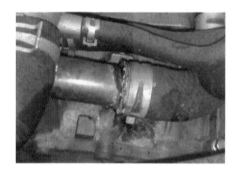

图 2-70　散热器漏水

2）检查铁水管有无锈蚀。

3）检查接头是否连接良好，密封无渗漏。

用手挤压散热器和暖风器软管，看是否有裂纹或发脆现象，如图 2-71 所示。仔细检查软管上卡紧的两端部，是否有鼓起部分和裂口，是否有锈蚀迹象（特别是连接水泵、恒温器壳或进气歧管的软管处）。

大部分汽车散热器风扇是通过传动带来驱动的，但有些轿车采用电动机驱动，即电子风扇。对于传动带驱动的冷却风扇，应检查散热器风扇传动带的磨损情况。

仔细检查传动带的外部，查看是否有裂纹或传动带层片脱落。应该检查传动带与带轮接触的工作区是否磨亮，如果磨亮，说明传动带已经打滑。传动带磨损、抛光或打滑可能引起尖啸声，甚至产生过热现象。V 形传动带上有一些细小裂纹，但是可以继续使用。传动带的作用区域是在与带轮接触的部分，所以要将传动带的内侧拧转过来检查。

（4）散热器风扇的检查

1）目视检查风扇叶片，看是否有破损或变形。

2）用手转动风扇叶片，是否感到有卡滞。

检查冷却风扇叶片是否变形或损坏，如图 2-72 所示。若变形或损坏其排风量相应减少，会影响发动机冷却效果，使发动机温度升高，需要更换冷却风扇。

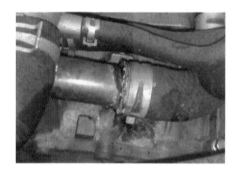

图 2-71　水管裂纹

图 2-72　散热器风扇损坏

4. 检查发动机润滑系统

（1）检查机油

第一步：找出机油口盖。

第二步：打开机油口盖。

拧下机油口盖，在机油口的地方可以看到旧油、甚至脏油痕迹，这是正常的。若机油口盖底面有一层黏稠的浅棕色乳状物，如图 2-73 所示，说明冷却液通过损坏的衬垫或气缸盖、气缸体裂纹混入机油中，与机油形成了小液滴。

图 2-73 机油盖乳状物

第三步：检查机油质量。

通过斑点试验检查机构质量：取一片洁净的无水滤纸，在滤纸上方垂直滴一滴机油。如果在用的机油中间黑点里有较多的硬沥青及炭粒等，说明机油滤清器的滤清作用不良，但并不代表机油已变质；如有分界线，说明机油已经变质。

第四步：检查机油气味。

拔下机油尺，闻闻机油尺上的机油有无异味。如有汽油味，说明机油中混入了汽油，汽车已经或正在混合气过浓的情况下运行。如果机油尺上有水珠，说明机油中混入了水分。做近距离的检查，查看是否有污垢或金属粒，若有污垢或金属粒应更换机油。检查机油尺自身的颜色，如果发动机曾严重过热，机油尺会变色。

第五步：检查机油液位。

起动发动机之前或停机 30min 之后，打开发动机舱盖，抽出机油尺，将机油尺用抹布擦净油迹后，插入机油尺导孔，拔出查看。油位在上下刻线之间，即为合适。若机油液位过低，应观察汽车底下的地面，看是否有机油泄漏的现象。

（2）检查机油滤清器 用棘轮扳手拆下机油滤清器，观察机油滤清器有无裂纹，密封圈是否完好。

（3）检查 PCV 阀 PCV 阀用于控制发动机曲轴箱通风，若 PCV 阀工作不良，影响发动机的润滑。从气门室盖拔出 PCV 阀，并晃动，它应发出"咔嗒"声。若 PCV 阀充满油污并不能自由地发出"咔嗒"声，说明由于发动机机油和滤清器没有经常更换，导致 PCV 阀损坏，此时需要更换新的 PCV 阀。

（4）检查机油泄漏 机油泄漏是一种正常现象，如图 2-74 所示。

机油泄漏的地方主要有气门室盖，气缸垫，油底壳垫，曲轴前、后油封，油底壳放油螺塞，机油滤清器，机油压力感应塞等。

气门室盖处机油泄漏在行驶里程超过 80000km 的汽车上很普遍，如图 2-75 所示。大多数情况下修理不太难，也不太贵（靠安装新气门室盖垫片来解决）。有些采用燃油喷射系统的汽车需更换气门室垫片，则需要相当多的工作。

5. 检查点火系统

（1）蓄电池的检查

1）查标牌。

2）检查蓄电池的表面情况。

3）检查蓄电池托架或蓄电池安装箱。

（2）高压线的检查

1）查看高压线外表，检查导线端子是否被腐蚀、导线是否损坏或变形。

图 2-74　机油泄漏　　　　　　　　图 2-75　气门室盖漏油

2）测量高压线电阻，是否在标准范围内。

查看点火线圈与分电器之间的高压线及分电器与火花塞之间的高压线，高压线应该清洁、布线整齐、无切割口、无擦伤部位、无裂纹或无排气烧焦处，否则会造成高压线漏电，需要更换高压线。

💡 **小提示**

注意：高压线更换需成套更换，费用较高。

（3）分电器的检查

1）器盖裂纹。

2）分电器盖和分火头触点烧蚀，如图 2-76 所示。

3）机油渗漏。

对于带分电器的点火系统，应仔细检查分电器的工作情况，检查分电器盖有无裂纹、炭痕、破损等现象，这些现象均会使分电器漏电，造成点火能量不足，引起发动机动力性能下降。若存在这些现象，应更换分电器。

（4）火花塞的检查

1）检查间隙是否过大。

2）检查火花塞是否积垢，如图 2-77 所示。

图 2-76　分电器烧蚀　　　　　　　图 2-77　火花塞积垢

3）检查中心电极是否烧蚀。

4）检查绝缘体是否有裂纹。

用火花塞套筒扳手任意拆下一个火花塞，检查火花塞的情况。火花塞位于发动机缸体内，可直接反映发动机的燃烧情况。若火花塞电极呈灰白色，而且没有积炭，表明火花塞工作正常，燃烧良好。若火花塞严重积炭、电极严重烧蚀、绝缘体破裂、漏气、侧电极开裂，会使点火性能下降，造成发动机动力不足，应更换火花塞。

 小提示

火花塞更换需成组更换，费用较高。

（5）点火线圈的检查

1）检查端子是否被腐蚀，外壳是否损坏或裂纹。

2）测量初级线圈、次级线圈的电阻，是否在标准范围内。

观察点火线圈外壳有无破裂。若点火线圈外壳破裂，会使点火线圈容易受潮而使点火性能下降，影响发动机的动力性。

6. 检查发动机的供油系统

（1）检查燃油泄漏　首先查找进气歧管上残留的燃油污迹并仔细观察通向燃油喷射装置的燃油管和软管。

 小提示

发动机罩下有燃油气味或在行驶中有燃油气味，通常暗示着有燃油泄漏。

（2）检查汽油管路　发动机供油系统有进油管路和回油管路，要检查油管是否老化。

（3）检查燃油滤清器　一般在汽车行驶约50000km时更换。

7. 检查发动机进气系统

检查进气系统如图2-78所示。

（1）检查进气软管　进气软管一般采用波纹管，检查进气软管是否老化变形，是否变硬，是否有损坏或烧坏处，如有应更换进气软管。如果进气软管比较光亮，可能喷过防护剂喷射液，应仔细检查。

（2）检查真空软管　首先，用手挤压真空软管，应该富有弹性，而不是又硬又脆。如果一根软管变硬或开裂，应考虑是否更换全部软管。在检查真空软管的同时，注意真空软管管路布置。查看软管是否为出厂时那样的整齐排列，是否有软管从零部件上明显拔出、堵住或夹断。

（3）检查空气滤清器　拆开空气滤清器，检查空气滤芯，观察其细节情况，若空气滤清器脏污，说明该车可能经常行驶在灰尘较多的地方，保养差，车况较差。

（4）检查节气门拉索　检查节气门拉索是否阻滞、是否有毛刺等现象。

8. 检查机体附件

（1）检查发动机支脚　检查发动机支脚减振垫是否有裂纹，如有损坏，则发动机振动大，使用寿命急剧下降，更换发动机支脚的费用较高，如图2-79所示。

（2）检查正时带　正时带噪声小且不需润滑，但耐用性不及链驱动。通常每行驶10万km，必须更换正时带。

拆下正时罩，通过手电筒照射，仔细检查正时带是否松动，内、外两侧有无裂纹、缺齿、磨损等现象，若有，表明该车行驶里程比较长。对于V形发动机而言，更换正时带的费用非常高。

图 2-78　检查进气系统

图 2-79　支脚减振垫

（3）检查发动机各种带传动附件的支架和调节装置　检查发动机各种带传动附件的支架和调节装置是否松动、螺栓是否丢失或有裂纹等现象，如图 2-80 所示。

9. 检查发动机舱内其他部件

（1）检查制动主缸及制动液，如图 2-81 所示　检查制动主缸是否发生锈蚀或变色，制动主缸锈蚀或变色表明制动器有问题；主缸中的制动液应该十分清澈，如果呈雾状，说明制动系统中有锈，需要全面冲洗，需重新加注新制动液并放气。

图 2-80　发动机组合传动带

图 2-81　检查制动主缸及制动液

对具有塑料储液主缸的汽车，上面有一个方便拧开的塑料盖。对任何一种主缸，都要检查制动液。在一张白纸上滴一些制动液，如果看到颜色深，说明油液使用时间过长或已被污染，应更换。检查制动液中是否存在污垢、杂质或小水滴以及是否在正常的液面高度。

（2）检查离合器液压操纵机构　手动变速器汽车的离合器是液压操纵的，这意味着在发动机舱壁的某处（通常在制动主缸附近）有一个离合器的储液罐。它使用与制动主缸同样的油液，应检查油液是否和制动主缸中的油液相同。

（3）检查继电器盒　打开继电器盒的塑料盖，查看内部。通常在塑料盖内侧有一张图，指明继电器属于哪个系统。

（4）检查发动机线束，如图 2-82 所示　为了保证汽车的寿命，线束应该保持良好，防止任何敲打、意外损伤或不合理的结构。

查看发动机舱中的导线是否擦破或是裸露；是否露在保护层外；是否固定在导线夹中；是否用非标准的胶带包裹；是否有旁通原有线束的外加导线。

图 2-82　检查发动机线束

任务五　检查车舱

任务描述

在进行车舱检查时，重点检查转向盘、中控台仪表板、空调、音响、座椅、安全带、玻璃升降器、后视镜、车顶、天窗等部位的情况。

某 2003 年款的汽车（16 年车龄）转向盘，能清楚发现边部褶皱和破损处，如图 2-83 所示。

任务分析

二手车的车舱（内饰）翻新概率相当大。车舱（内饰）翻新一方面说明车辆使用时间太长或遇到过事故；另一方面也影响了对真实车况的检查，而且翻新的汽车内饰本身含有甲醛等有害气体，甚至采用伪劣材质，对新车主及家人身体会有潜在危害。

16年车龄，20万km。

明显褶皱起皮

图 2-83　转向盘

因此，通过检查汽车车舱（内饰），二手车鉴定评估师可以进一步了解车辆保养程度及车辆本身是否存在问题。

学习目标

1. 掌握转向盘自由行程转角的测量方法并检查转向盘的磨损程度。
2. 检查中控台仪表盘的磨损程度及各个指示灯的状态。
3. 检查座椅的磨损程度，检查安全带是否老化、失去紧张感。
4. 检查车门内饰板是否清洁、磨损，检查门窗封条是否良好、老化。
5. 检查各个车窗玻璃升降器开关有无卡滞、无力、异响、失效等现象。
6. 检查后视镜（车内、外）工作是否正常。
7. 检查车顶内饰是否清洁，检查天窗是否正常工作，水槽内是否清洁，排水管路是否通畅。

建议学时

4 学时。

相关知识

扫一扫

碰撞事故车特征
及鉴定流程之
驾驶舱检查

一、车舱检查内容

车舱检查主要包括转向盘、中控台（仪表板、空调、音响、变速杆、驻车制动操纵杆及储物盒）、座椅、安全带、车门内饰板及门窗封条、玻璃升降器、后视镜、车顶、天窗等。

二、车舱检查要点

1. 检查转向盘

通常汽车转向盘有一个自由转动量，转向盘在这个转动量内转动，车轮不产生左右运动，这个转动量用角度来表示，就是转向盘自由行程。

车辆停稳，轻轻转动转向盘至手感阻力增大，车轮刚要摆动，但还没产生摆动，停止转动，此时在转向盘上任意一点做标记，然后向相反的方向转动转向盘至手感阻力增大，车轮刚要摆动，但还没产生摆动，停止转动，转向盘上标记点所转过的角度，就是转向盘自由行程，这个行程一般用角度表示，也可以通过使用转向参数测量仪等设备来定量检查转向盘的自由转动量，如图2-84所示。

图2-84 转向参数测量仪

检查转向盘时，将汽车处于直线行驶位置，检查转向盘表面是否磨损，各接缝处的细缝是否均匀，有无拆装痕迹，如图2-85所示。

两手握住转向盘，将转向盘向上下、前后、左右方向摇动拉伸，应无松旷的感觉。如有松旷的感觉，说明转向机内轴承松旷或紧固件松动。

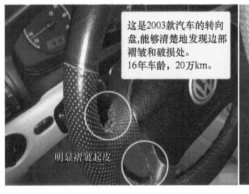

这是2003款汽车的转向盘,能够清楚地发现边部褶皱和破损处。
16年车龄，20万km。

明显褶皱起皮

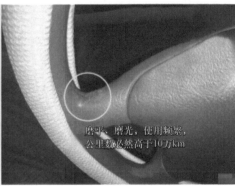

磨平、磨光，使用频繁，公里数必然高于10万km

图2-85 检查转向盘

2. 检查中控台

（1）检查仪表板

1）观察仪表板表面是否磨损，是否有划痕，连接点是否有拆装痕迹。

2）打开点火开关，检查仪表盘上车速里程表、转速表、机油压力表、冷却液温度表、燃油表、充电表、各个指示灯或警告灯等是否正常工作，有无缺失。

3）分别操纵中控台上的点火开关、灯光系统开关、刮水器开关、喇叭开关、空调系统开关、音响娱乐系统开关等各个功能按键开关，检查其是否完好，是否能正常工作，如图2-86所示。

（2）检查空调　打开点火开关，按动风向调节开关，检查各个出风口风量大小与风向是否正常，各个出风口开关是否正常，表面有无破损，如图2-87所示。

（3）检查音响　打开点火开关，使用模式切换功能键，检查显示屏是否正常响应，在条件允许的情况下，使用外接设备，测试 CD、DVD 是否能正确识别，有无卡碟现象。

所有功能都需要进行测试，还要着重注意空调制冷效果

图 2-86　检查中控台

图 2-87　检查空调

（4）检查驻车制动操纵杆　目测驻车制动操纵杆表面和周边是否损坏、开裂，是否磨损，如图 2-88 所示。放松驻车制动，再拉紧驻车制动，检查驻车制动操纵杆是否灵活，锁止机构是否正常。

（5）检查变速杆　目测变速杆表面和周边是否损坏、开裂，是否磨损。若有破损，异物（如硬币）就有可能掉入换档操纵机构内，引起换档阻滞，如图 2-89 所示。

图 2-88　检查驻车制动操纵杆

图 2-89　检查变速杆

用手握住变速杆球头，根据档位图，逐一将变速器换至各个档位，检查变速器换档操纵机构是否灵活。

（6）检查储物盒　检查车内每一个储物空间的整洁度和开启、锁闭的可靠性。车内储物空间很多，尽量不要遗漏，如中控台部分的多个储物盒、车门、座椅下面和后面、前后中央扶手等处的储物盒，如图 2-90 所示。

3. 检查座椅

1）检查座椅罩是否有撕破、裂开或有油迹等情况，如图 2-91 所示。

2）检查座椅前后是否灵活，能否固定。

前排手套箱　前排杯架

前车门　后排杯架

图 2-90　检查车内储物空间

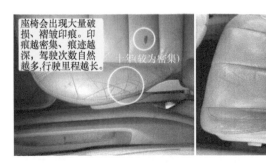

图 2-91　检查座椅

3）检查座椅后倾调节角度。

4）确保所有座椅安全带数量正确、在合适位置并工作可靠。

5）坐在座椅上，若感到座椅弹簧松弛，弹力不足，说明车辆使用频率高。

4. 检查安全带

1）将安全带拉出，检查表面是否有水印、霉点，排除涉水车辆；放开安全带，检查安全带回收是否及时，排除螺旋弹簧弹力不足或损坏的情况；用力拉安全带，检查安全带能否锁止，确保安全带锁止装置能够正常工作。

2）查看安全带生产日期，判断是否更换过。需注意的是，有些车辆安全带生产日期在安全带根部厂牌上，有些在安全带卡扣上，如图 2-92 所示。

5. 检查车门内饰板及门窗封条

（1）车门内饰板　车门内饰板的检查主要是观察内侧板是否整洁、有无磨损和伤痕，如图 2-93 所示。

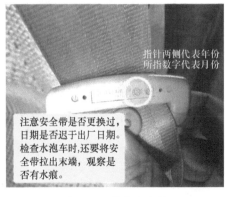

图 2-92　检查安全带

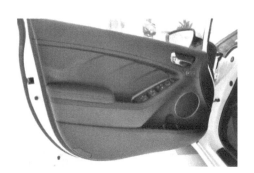

图 2-93　检查车门内饰板

（2）门窗封条　门窗封条如图 2-94 所示。车辆门窗封条应该满足 HG/T 3088—1999《车辆门窗橡胶密封条》要求，通过目测法和化学实验法检查车辆门窗封条是否良好、无老化。

车门上的功能键也需要一一进行检查。如玻璃升降功能、车门锁止功能，如图 2-95 所示。

6. 检查玻璃升降器

如图 2-96 所示，检查时，打开点火开关，按下各个车窗玻璃升降器开关，检查各个车窗玻璃升降器开关有无卡滞、无力、异响、失效等现象。

图 2-94　汽车门窗封条

图 2-95　车门内饰板上的功能按键

7. 检查后视镜

（1）检查左/右后视镜　打开点火开关，按下后视镜玻璃加热开关，开关指示灯能否正常点亮，2min 后后视镜玻璃是否有温热感，如图 2-97 所示。

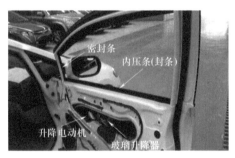

图 2-96　检查玻璃升降器

图 2-97　检查后视镜

（2）检查车内后视镜　搬动车内后视镜是否松旷，镜面有无破损；后视镜电动调节功能是否正常，防眩目开关是否有效，如图 2-98 所示。

根据车辆说明书检查左、右后视镜折叠装置工作是否正常，重点关注是否可以折叠，功能键是否工作，角度是否满足要求等。

8. 检查车顶部位内饰

检查车顶的洁净程度，确定是否存在异物、脏东西或存在破损。

明显色差其实指的是新旧区别，如果车顶很脏，但是车内其他地方却非常干净，那很可能就是翻新了，如图 2-99 所示。

图 2-98　检查车内后视镜

图 2-99　检查车顶内饰

任务六　检查行李舱

 任务描述

对车辆行李舱进行检查时，重点检查车辆行李舱盖情况、上顶板、导水槽、后围板、行李舱内板、后翼子板内衬、备胎槽、液压杆或支撑杆、随车工具、备胎等情况，如图 2-100 所示。

 任务分析

二手车行李舱的检查，主要要观察是否有过追尾事故的痕迹。然后要看是否有过修复、被锈蚀的痕迹。备胎工具是否齐全，密封条是否原装、有无修复痕迹。

图 2-100　行李舱

 学习目标

1. 能够鉴别行李舱盖是否修复或更换。
2. 能够鉴别后尾灯是否更换、破损。
3. 能够鉴别上顶板、导水槽、后围板、行李舱内板、后翼子板内衬、备胎槽是否变形、修复或更换。

 建议学时

4 学时。

 相关知识

1. 行李舱盖

检查行李舱盖与尾灯、两侧后翼子板间的缝隙是否均匀，左右是否对称，是否有修复、更换痕迹。使用漆面测量仪检查漆面厚度是否正常，有无色差、喷漆等情况。打开行李舱盖，检查行李舱盖处螺母铰链是否松动，是否有拆卸痕迹；盖边缘胶体密封是否正常；查看行李舱盖内侧有没有发生变形，两侧后翼子板上的焊接原点是不是依旧存在，如图 2-101 所示。

2. 后尾灯

检查左右后尾灯的新旧程度是否一致，是否正常工作，灯位缝隙是否整齐，左右是否对称；后尾灯表面是否有划痕、破损、水雾、裂痕现象，是否更换改装；按动两侧后尾灯灯体

图 2-101　检查行李舱盖内侧及两侧后翼子板上焊接原点

是否有松动，如图 2-102 所示。

3. 上顶板

检查上顶板是否变形，焊接原点是否存在，是否平滑，是否有喷漆现象。

4. 导水槽

打开行李舱，检查导水槽是否有损伤痕迹，是否有变形，是否有修复，焊点是否完整。

5. 后围板

检查表面是否平整，有无钣金修复、严重变形、焊接、锈蚀、更换等；检查封胶是否正常。

6. 行李舱内板

检查行李舱内板是否平整、变形。

7. 后翼子板内衬

检查后翼子板内衬是否变形；拆开内衬，查验焊接原点是否存在，是否平滑，是否有打胶喷漆现象。

8. 备胎槽

未发生过碰撞的车辆备胎槽边缘是完整而圆滑的，当车辆受过撞击修复以后是不太可能完全恢复到原来自然顺滑的状态的，会留有褶皱；查看底板有无变形或整形痕迹，焊点是否为原厂，如图 2-103 所示。检查备胎槽内是否有水痕或锈蚀的痕迹，排除车辆进水的可能。

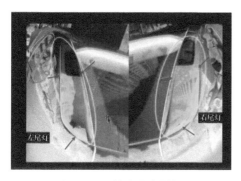

图 2-102　检查左右尾灯

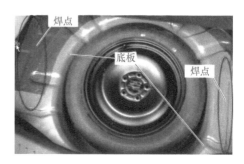

图 2-103　检查备胎箱底板及焊接原点

9. 随车工具

检查随车工具（三角警示牌、千斤顶、车载灭火器、轮胎扳手、牵引环等。需要注意的是，不同品牌车型随车工具不同）是否齐全，是否有水点锈。

10. 备胎

检查是否有备胎；如果有备胎，胎压是否正常，备胎是否老化，是否有磨损，是否有裂痕。

11. 液压杆或支撑杆

检查液压杆或支撑杆是否正常工作，焊接原点是否存在，是否平滑，是否有喷漆现象。

任务七　**检查车辆底盘**

任务描述

在对车辆底盘进行检查时，主要检查发动机变速器部分是否漏油、各橡胶部位是否工况正常、发动机变速器底部有无托底、拆装；由下往上观察车头防撞梁与纵梁位置，车身有无剧烈碰撞修复痕迹；车身前部悬挂各部位部件是否为原厂配件、有无维修更换痕迹或部件老化松旷；观察车底零件有无受损凹陷、左右边梁是否严重腐蚀或有切割修复痕迹。后悬挂部位有无维修痕迹；车辆尾部防撞梁、纵梁骨架有无碰撞切割修复痕迹；观察车辆轮胎有无破损、割裂、鼓包、老化、磨损程度，检查轮毂是否开裂、变形等，如 2-104 所示。

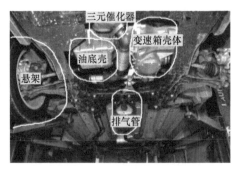

图 2-104　底盘

 任务分析

汽车底盘长期暴露，饱受风霜雪雨、泥水、石头的侵蚀，受损概率大于车身，同时作为整车的支撑，对车身寿命和行车安全以及舒适度都有很大的影响。因此，二手车鉴定评估师要对底盘进行仔细的检查。

 学习目标

1. 熟悉二手车底盘检查要点。
2. 掌握二手车底盘检查内容。

 建议学时

4 学时。

相关知识

扫一扫

碰撞事故车特征
及鉴定流程之
底盘检查

1. 检查泄漏

（1）检查冷却液有无泄漏　冷却液泄漏通常从上部最容易看见，但是如果暖风器芯或软管泄漏，液滴可能只出现在汽车底部，所以应在离合器壳或发动机舱壁周围区域寻找是否有冷却液污迹。

（2）检查机油有无泄漏　检查油底壳和油底壳放油螺栓区域是否有泄漏的迹象。行程超过 80000km 的汽车有少量污迹是常见的。当泄漏持续很长时间时，行车气流抽吸型通风装置和发动机风扇将把油滴抛到发动机、变速器或发动机舱壁下部区域各处。

（3）检查助力转向油有无泄漏　在一些汽车上，助力转向油可能看起来像变速器油泄漏，因为两种油液相似，但是助力转向泵泄漏通常造成的污迹集中在助力转向泵或转向器（或齿条齿轮）本体附近。

（4）检查变速器油有无泄漏　自动变速器一般都有冷却装置，其管道较长，容易出现泄漏。在冷却管路连接到散热器底部的地方查看是否有泄漏，沿着冷却管路、变速器油盘和变速器后油封周围的区域查看。

（5）检查制动液有无泄漏　诊断前、后制动器是否有制动液的痕迹。查找制动钳、鼓式制动器后板和轮胎上是否有污迹。从汽车的前部到后部，寻找制动管路中是否有扭结或凹陷，是否有泄漏的痕迹。

（6）检查排气泄漏　检查排气系统时，寻找明显的排气泄漏痕迹，如焊接不当的排气管连接处周围的黑色污迹。在浅色排气管上，泄漏通常容易产生棕色或黑色污迹。如果装有橡胶环形圈，检查橡胶环形圈排气管吊架的情况。检查排气管支座是否损坏，支座损坏容易引起排气系统泄漏或产生噪声，如图 2-105 所示。

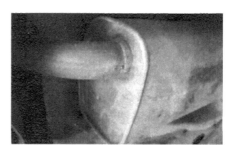

图 2-105　检查排气管上的排气泄漏

2. 检查排气系统

观察排气系统上的所有吊架是否都在原来位置并且是否是原装件。现在大多数汽车都具有带耐热橡胶环形圈的排气管支承，它连接车架支架与排气管支架。当这些装置更换为通用金属带时，排气系统将承受更大的应力并使更多的噪声、热量和振动传递到汽车上，如图 2-106 所示。

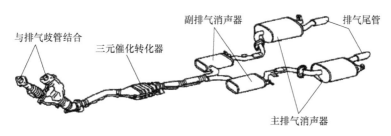

图 2-106　检查排气系统

> 💡 **小提示**
>
> 　　检查排气系统零部件是否标准，排气尾管是否更换过，确保它们离制动管不能太近。在后轮驱动的汽车上，排气尾管越过后端部，要确保紧靠后桥壳外表的制动钢管没有因为与排气系统上的凸起干涉而压扁。

3. 检查前、后悬架

（1）检查减振弹簧　汽车减振弹簧主要有钢板弹簧和螺旋弹簧两种。

1）对于钢板弹簧，应检查车辆钢板弹簧是否有裂纹、断片和碎片现象，两侧钢板弹簧的厚度、长度、片数、弧度、新旧程度是否相同，钢板弹簧 U 形螺栓和中心螺栓是否松动，钢板弹簧销与衬套的配合是否松旷。

2）对于螺旋弹簧，应检查有无裂纹、折断和疲劳失效等现象。螺旋弹簧上、下支座有无变形损坏。

（2）检查减振器　观察四个减振器是否有漏油现象，如图 2-107 所示。如果有漏油，说明减振器已失效，需要更换。更换减振器需要全部更换，而不是只更换一个，所以成本较高。观察前、后减振器的生产厂家是否一致，减振器上下连接处有无松动、磨损等现象。

（3）检查稳定杆　稳定杆主要用于前轮，有时也用于后轮，两端固定于悬架控制臂上。检查稳定杆有无裂纹，与车身连接处的橡胶衬套有无损坏，与左、右悬架控制臂的连接处有无松旷现象，如图 2-108 所示。

图 2-107　检查减振器是否漏油

4. 检查转向机构

（1）检查连接部位　检查转向盘与转向轴的连接部位、转向器垂臂轴与垂臂连接部位、纵横拉杆球头销连接部位、纵横拉杆臂与转向节的连接部位、转向节与主销连接部位等处是否松旷。

（2）检查部件配合情况　检查转向节与主销间是否配合过紧或缺机油，纵横拉杆球头销连接部位是否调整过紧或缺机油，转向器是否无机油或缺机油。

（3）检查转向轴　检查转向轴是否弯曲，其套管是否凹瘪。

稳定杆

图 2-108　检查稳定杆

（4）检查动力转向系统　检查动力转向泵驱动带是否松动，转向油泵安装螺栓是否松动，动力转向系统油管及管接头处是否存在损伤或松动等。

5. 检查传动轴

对于后轮驱动的汽车，检查传动轴、中间轴及万向节等处有无裂纹和松动，传动轴是否弯曲、传动轴轴管是否凹陷，万向节轴承是否因磨损而松旷，万向节凸缘盘连接螺栓是否松动等，如图 2-109 所示。

对于前轮驱动的汽车，要密切注意万向节上的橡胶套。绝大多数汽车在汽车的每一侧（左驱动桥和右驱动桥）具有内、外万向节，每个万向节都由橡胶套罩住，里面填满了润滑脂，橡胶套用于保护万向节避免污物、锈蚀和潮气的影响。用手弯曲或挤压橡胶套，查找是否有裂纹或擦伤，如图 2-110 示。

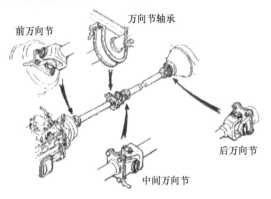

前万向节　万向节轴承

后万向节

中间万向节

图 2-109　传动轴检查的主要部位

图 2-110　用手弯曲、挤压橡胶套

任务八　查询车辆使用记录

任务描述

消费者在购买二手车前，都会有一定的顾虑，担心车辆是否出过事故，是否进行过大修。有些消费者还会关心二手车以往的保养情况，是否按时在4S店保养。作为二手车鉴定评估师，在进行车辆评估时，也需要根据二手车以往的维修、保养情况，调整车辆评估价格，并避免收到事故翻新车辆。

任务分析

为了避免收到事故翻新车辆，及时了解二手车以往维修保养情况，二手车鉴定评估师可采用相应的查询软件对车辆的维修情况、保养记录进行查询。

学习目标

1. 了解二手车维修保养记录查询渠道。
2. 掌握基本查询方法。

建议学时

2学时。

相关知识

一、二手车使用记录查询渠道

1. 4S店售后服务系统

每个品牌4S店都有自己的售后服务查询系统，例如：丰田、本田、沃尔沃等集团公司通常使用"经销商管理系统（DMS）"进行车辆信息查询。奔驰开发了自己品牌的DMS，经销商的DMS系统分为销售、售后、配件和财务四个环节，二手车维修保养记录查询主要是利用售后DMS系统进行，如图2-111所示。

2. 二手车平台

除了传统的二手车交易市场和4S店二手车销售渠道，近几年很多消费者会选择通过互联网二手车交易平台进行二手车买卖，如"人人车""瓜子二手车""优信二手车"等，通常这些交易平台会提供车辆维修保养记录查询方法，消费者可缴纳一定的费用进行查询。还可以通过公共网站进行查询，如汽车之家，如图2-112所示。

图2-111　奔驰4S店售后
服务DMS系统进入界面

3. 车辆历史报告查询 APP

随着二手车交易量的增加和消费者对二手车买卖的
认可，为方便消费者查询车辆情况，商家开发了专门的"车辆历史报告查询 APP"，通过
APP 输入车架号，就可以查询二手车以往的维修保养记录，如图 2-113 所示。

图 2-112　汽车之家网站查询车辆维修保养记录　　图 2-113　车辆历史报告查询 APP

二、4S 店售后服务系统查询软件使用方法简介

1. 进入查询系统

点击进入查询系统，并在相应栏内填入密码。

2. 进入车辆系统

进入系统后，在界面内输入要查询车辆的信息：车架号、车牌号或车主手机号，进入该
车系统，如图 2-114 所示。

3. 查询车辆维修、保养信息

根据系统显示，了解车辆维修、保养情况，如图 2-115 所示。

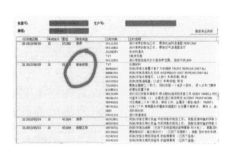

图 2-114　进入车辆系统　　　　　　　图 2-115　二手车维修保养信息

任务九　检查泡水车和火烧车

任务描述

如图2-116所示，发动机舱内有大量粉末，这是灭火器喷射后留下的痕迹。

任务分析

一般车辆起火分为外部原因和内部原因，其中外部原因是指人为的纵火、底盘卷入易燃物、事故造成起火等；而内部原因是指车辆使用年限、车辆设计本身以及车辆油液的泄漏等原因造成的。二手车鉴定评估师对火烧车的检查项目包括发动机线束和车身线束、发动机及附近件、熔丝盒和继电器、发动机盖、车厢内部、行李舱六项。

学习目标

1. 能够对二手车进行检查，准确判断是否为泡水车。
2. 能够对二手车进行检查，准确判断是否为火烧车。

图2-116　发动机舱内部

建议学时

4学时。

相关知识

一、泡水车损失分析

1. 认知泡水车

泡水车也叫水淹车，泛指被水泡过的车辆。汽车水淹的水质通常有淡水、泥水、污水、油水和海水等类型，不同水质对汽车造成的损失是不一样的。

水淹高度是确定水淹损失程度的一个重要参数，如图2-117所示，水淹高度通常不以高度的计量单位米或厘米为单位，而以重要的具体位置作为参数，以轿车为例，水淹高度通常分为6级，即：

图2-117　轿车水淹高度分级

1）1级：制动盘和制动毂下沿以上，车身地板以下，乘员舱未进水。
2）2级：车身底板以上，乘员舱进水，而水面在驾驶人座椅坐垫以下。
3）3级：乘员舱进水，而水面在驾驶人座椅坐垫面以上，仪表工作台以下。
4）4级：乘员舱进水，水面在仪表工作台中部。

5）5级：乘员舱进水，水面在仪表工作台面以上，顶篷以下。

6）6级：水面超过车顶。

2. 汽车进水的损坏分析

（1）汽车静态进水损坏分析　汽车在停放过程中被暴雨或洪水浸入甚至淹没属于静态入水，如图2-118所示。

图2-118　汽车静态进水

汽车在静态条件下，如果车内进水，会造成内饰、电路、空气滤清器、排气管等部位的受损，有时发动机气缸内也会进水。另外，汽车进水后，车的内饰容易发霉、变质。如不及时清理，天气炎热时，会出现各种异味。

（2）汽车动态进水损坏分析　汽车在行驶过程中，发动机气缸因吸入水而使汽车熄火，或在强行涉水未果、发动机熄火后被水淹没，属于动态进水。

汽车在动态条件下，如果进了水，水可能通过进气门进入气缸，将会导致发动机在压缩行程中，活塞上行时，混合气中含有水，由于水是不可压缩的，那么曲轴和连杆所承受的负荷就会极大地增加，有可能造成弯曲，在随后的持续运转过程中就有可能导致进一步的弯曲、断裂，甚至损坏气缸。

> **小提示**
>
> 需要说明的是，同样是动态条件下的损坏，由于发动机转速高低不同、车速快慢不等、发动机进气管安装位置不一、吸入水量多少不一样等，所造成损坏程度自然也不同。

图2-119为某发动机进水后拆解的连杆组件，其中，四缸活塞折断，三缸活塞弯曲，一缸、二缸活塞目测似乎没有受到影响。

二、泡水车检查要点

泡水车最常检查的位置有转向立柱、安全带、点烟器座（包括12V电源接口）、座椅导轨及骨架、地毯、熔丝盒等。

1. 检查转向立柱

查看项目：锈蚀、异响，如图2-120所示。

干扰因素：在湿度大的地区，此部位会出现锈蚀的情况，会影响二手车鉴定评估师判断。

图2-119　某发动机进水后
拆解的连杆组件

图2-120　检查转向立柱

扫一扫

泡水事故车特征及鉴定
流程之驾驶舱检查

2. 检查安全带

查看项目：霉斑、水印、更换、生产日期，如图 2-121 所示。

干扰因素：事故或泡水后，安全带进行了更换，无法判断更换原因（由于安全带非易损件，通常情况下不需要更换。若车主自行更换，有可能是因安全带浸水所致）；湿度大的地区，会造成安全带出现霉斑或水印，对于水淹车的查看有一定影响。

3. 检查点烟器底座

查看项目：水印、锈蚀、清理痕迹，如图 2-122 所示。

干扰因素：日常使用过程中，洒水造成的锈蚀，无法判断；湿度大的地区，也会造成点烟器底座出现锈蚀。

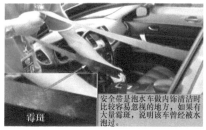
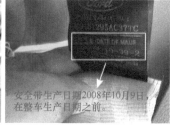

图 2-121 检测安全带霉斑及生产日期　　　　　　　　图 2-122 检查点烟器底座

4. 检查座椅

查看项目：泥沙、发霉、异味、手感，如图 2-123 所示。

干扰因素：座椅修复后，从表面很难看出修复痕迹，需要进一步拆解进行判断。

5. 检查座椅滑轨

查看项目：泥沙、锈蚀、异响，如图 2-124 所示。

干扰因素：座椅滑轨很容易修复，但是一些细节的地方，往往被忽略。应仔细查看。

6. 检查熔丝盒

查看项目：泥沙、水印、更换/维修痕迹，如图 2-125 所示。

干扰因素：无法判断是因为泡水还是故障更换。

图 2-123 检查座椅　　　　　图 2-124 检查座椅滑轨　　　　　图 2-125 检查熔丝盒

7. 检查车顶内饰板

查看项目：水印、线束、安全气囊，如图 2-126 所示。

干扰因素：日常清洗的时候，也会留下水印，对泡水的判断有一定影响；检查的时候，车主不一定允许拆开胶条，查看线束和气囊。

8. 检查发动机舱

查看项目：水印、锈蚀、清洗/修复痕迹，如图 2-127 所示。

干扰因素：发动机舱环境较差，灰尘油渍以及清洗痕迹，都会影响到泡水痕迹的查看；湿度大的地区，也会造成发动机舱出现锈蚀。

图 2-126　检查车顶内饰板

图 2-127　检查发动机舱

扫一扫

泡水事故车特征及鉴定
流程之发动机舱检查

9. 检查发动机舱盖隔声棉

查看项目：水印、清理痕迹，如图 2-128 所示。

干扰因素：发动机舱盖上的隔声棉在洗车或是下雨天气时，会被溅湿，从而影响判断。

10. 检查行李舱底板

查看项目：泥沙、锈蚀、修复痕迹，如图 2-129 所示。

干扰因素：车辆的使用环境，如经常拉海鲜、装货，会造成行李舱底板出现锈蚀和泥沙存留的痕迹，会影响到泡水车的判断。

11. 检查空调出风口

查看项目：泥沙，如图 2-130 所示。

图 2-128　检查发动机舱盖隔声棉

扫一扫

泡水事故车特征及鉴定
流程之行李舱检查

图 2-129　检查行李舱底板

干扰因素：车辆使用中，空调出风口会有尘土的积累，泡水车有很多情况下泡不到此位置。

12. 检查防火墙隔声棉

查看项目：泥沙、水印、发霉、破损，如图 2-131 所示。

干扰因素：车辆使用中，此处会有水溅痕迹，影响到泡水车的判断。

13. 检查车身底板

查看项目：泥沙、锈蚀、清理/修复痕迹，如图 2-132 所示。

干扰因素：车身底板需要拆解才能进一步地判断。

图 2-130　检查空调出风口

图 2-131　检查防火墙隔声棉

图 2-132　检查车身底板

三、火烧车损失分析

1. 火烧车的定义

火烧车是指部分区域发生灼烧后翻新的车辆。整体灼烧的车辆,火烧程度大,维修费用高,性能受到严重损伤,以至于没有维修的价值,不在讨论的范围内。

2. 火烧车的分类

根据火烧车燃烧的部位、燃烧的程度和燃烧后对整车性能影响的大小可将火烧车分为两类。

（1）轻微火烧车　局部火烧,损失只局限在过火部分油漆、导管或部分内饰,应考虑判定为轻微以上程度的火烧车。

（2）严重火烧车　火烧破坏很严重,即使在修复后对整车行驶性能也有较大影响。

四、火烧车的鉴定

1. 案例——火烧车的鉴定（凯越）

车型:凯越,1.6L 自动舒适版,2006 年 10 月出厂,如图 2-133 所示。

车主描述:卖掉这台老凯越汽车,想买一台新车。车主刚做了全车漆不久（分析:当时车主应该有准备继续开的打算。）

鉴定过程:

1）左侧前照灯非常新,刚换的,左前部位作为重点关注。

2）打开发动机舱,发现龙门架上有不明白色粉末,如图 2-134 所示。

3）发动机舱内也有大量粉末,应该是灭火器喷射后留下的痕迹,如图 2-135 所示。

图 2-133　凯越汽车

图 2-134　检查龙门架

图 2-135　检查发动机舱内部

4）发动机舱盖有烧黑的痕迹，如图 2-136 所示。

从发动机舱情况可以看出车辆左前方有过火烧，因此，这辆车为火烧车。

据车主描述，当时车辆在路上行驶，左前照灯突然冒烟，所幸车辆仅左前照灯一块烧坏。

2. 案例——火烧车的鉴定（帕杰罗）

车型：帕杰罗，2015 年 2 月出厂，铭牌如图 2-137 所示。

图 2-136　检查发动机舱盖　　　　图 2-137　帕杰罗铭牌

小提示

帕杰罗车型具有一定的特殊性，非承载式车身配上四驱系统基本是爱好越野的人群才会考虑的，所以一般都是认准车型而购买，不会开一年随意卖掉（评估时为 2016 年），除非车辆有重大事故才会出手，所以碰上这种情况需对车辆的检查更加仔细。

鉴定过程：

1）对车辆漆面进行检查，发现车辆右前翼子板和右前门进行过喷漆或钣金修复，A、B、C 柱均无问题。左前轮毂、右后轮毂轻微刮伤，如图 2-138 所示。

车辆内部没有任何毛病，座椅磨损也不严重，转向盘基本无磨损，如图 2-139 所示。

图 2-138　帕杰罗整车　　　　　图 2-139　帕杰罗驾驶舱

2）打开前发动机舱盖，发动机螺钉没有扳动的痕迹，而防火墙上方的缝隙过于粗糙，如图 2-140 所示。开车去 4S 店与原车进行对比差距比较大，可能因为版本年代的不同做工存在差异，如图 2-141 所示。

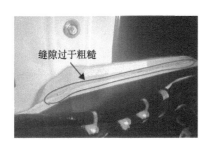
图 2-140　防火墙上方的缝隙

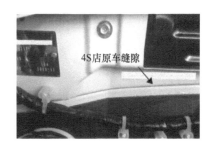
图 2-141　4S 店原车防火墙上方的缝隙

3）将车辆上架升高，整体看过去没有任何问题，当对底盘的螺钉进行检查时发现整个底盘都拆卸过，可以看出曾对车辆底盘进行过再次喷漆，并局部有火烧过的痕迹，扒开一块再次喷漆不均匀部位露出黄黄的铁锈。后差速器也进行过更换，立即派人去三菱 4S 店调取车辆维修保养记录，发现车辆只在 4S 店做过两次保养并无任何维修记录，这与车辆的实际情况不符，因为很多车辆发生重大事故为了不留下记录都不会选择去 4S 店维修，所以使检查变得更加困难，如图 2-142 ~ 图 2-153 所示。

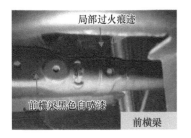
图 2-142　前横梁

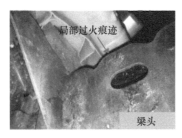
图 2-143　梁头局部过火痕迹

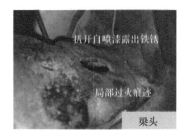
图 2-144　梁头扒开自喷漆露出铁锈

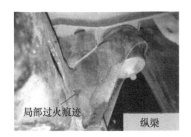
图 2-145　纵梁

图 2-146　后纵梁

图 2-147　油底壳螺钉扳动痕迹

图 2-148　后减振器螺钉扳动痕迹

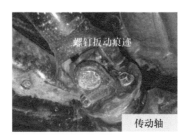
图 2-149　传动轴螺钉扳动痕迹

图 2-150　排气管下护板

图 2-151 后桥螺钉扳动痕迹

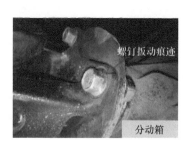
图 2-152 分动箱螺钉扳动痕迹

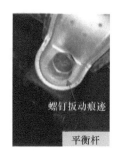
图 2-153 平衡杆螺钉扳动痕迹

因为非承载式车身具有底盘和车身可以分开装配，然后总装在一起的特点，很可能是车辆底盘局部发生起火，及时发现并迅速扑灭使车身基本未受损，到修理厂分开底盘与车身并拆卸底盘进行修理，并使车辆尽可能恢复原貌。

任务十 检查调表车

 任务描述

车窗控制按钮日常使用频率较高，若按键或周边区域磨损严重，包括掉字、出现油光等现象。这辆车的里程表显示 6.2 万 km，查了一下 4S 店记录后发现这辆车行驶约 23 万 km。所示该车可能被调表了，本任务将介绍调表车的检查。

 任务分析

为了提高售价，一些不法商贩肆无忌惮，他们将高里程表调成低里程表，致使消费者深受其害。为此，二手车鉴定评估师需擦亮双眼，识别"调表车"。

 学习目标

1. 掌握汽车里程表的工作原理。
2. 掌握汽车里程表调校原因及高发车型。
3. 掌握汽车里程表调校方法。
4. 能够运用汽车里程表调校评估方法，鉴别调表车。

 建议学时

4 学时。

 相关知识

一、汽车里程表的工作原理

汽车里程表实际上由两个表组成，一个是车速表，表示汽车的时速，单位是 km/h；另一个是里程表，表示汽车已行驶的里程，单位是 km。汽车里程表一般在驾驶位置正前方，如图 2-154 所示。

传统的汽车里程表是机械式的，连接一根软轴，软轴内有一根钢丝缆，软轴另一端连接到变速器某一个齿轮上，齿轮旋转带动钢丝缆旋转，钢丝缆带动里程表罩圈内一块磁铁旋转，罩圈与指针连接并通过游丝将指针置于零位，磁铁旋转速度的快慢引起磁力线大小的变化，平衡被打破，指针因此被带动，如图 2-155 所示。

图 2-154　汽车里程表

绝大多数轿车使用没有软轴的电子传感器的汽车里程表，常见的一种是从变速器上的速度传感器获取信号，通过脉冲频率的变化使指针偏转或者显示数字来表示汽车的时速。

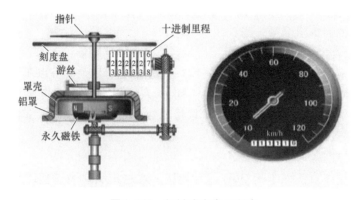

图 2-155　机械式汽车里程表

汽车里程表还包括由连接同一信号源的两个液晶数字显示窗，分别累计本次里程和总里程。本次里程通常有四位数，供短期计数，是可以清零的；总里程则有六位数，不能清零。

二、汽车里程表调校原因及高发车型

1. 汽车里程表调校原因

（1）里程表调低

1）为了牟取卖车利润，将里程表进行回调。

2）正常 4S 店新车都是有一定里程的，大概 3km，但由于运输或是不正常行驶，可能导致车辆里程数变多，为了不影响后期销售，某些不法商贩可能会将里程数进行调低或者在运输过程中直接拔掉里程表的线束。

3）私家车新车车主免费保养期内为换取保养次数会将里程表调低。

（2）里程表调高　为了牟取车辆补贴，将里程表进行调高。

2. 汽车里程表调校高发车型

一般来说，私家车每年正常行驶里程数为 2 万 ~2.5 万 km，商务用车约为 4 万 km。

商务用车由于其定位和使用性质，行驶里程远大于私家车，比如像凯美瑞、雅阁、天籁等车型，租赁公司、企事业单位等机构常用，一方面省油；一方面是耐用，所以这样的车型流通到市场成为调表车的概率较大。

所以，调表车的高发车型一般为50万元以下的中低端车，其中以20万元或者以内价位的车型为主。

三、汽车里程表的调校方法

1. 使用跑表器

跑表器一般都很便宜，不过操作过程相对复杂一些，如图2-156所示。

首先，查找车速传感器，一般安装在变速器附近。速度传感器一般有三根线或两根线的；其次，把跑表器的一端插头插到速度传感器上，另一端插到点烟器里；最后，连接跑表器和跑表器延长线，打开点火开关，调节跑表器上的调节按钮，进行速度调整。

2. 使用OBD校表器

如图2-157所示，OBD校表器比较常见，无须拆车接线，只需将校表器上的OBD接口与汽车OBD诊断口相连，进入界面后修改里程数，操作十分简单，增加或者减少公里数都可以，不过这种校表器价格偏贵一些。

3. 更改仪表电路CPU存储器数据

首先，卸下仪表并拆开，小心拔下表针（注意：有些里程表可以不用拔下表针）；其次，在仪表电路板CPU的附近找到存储器，一般为八个引脚的IC；再次，用工具拆下存储器；最后，把存储器安放到汽车编程器上读取里程数，先进行原仪表数据备份，再进行公里数的数据修改。

4. 使用电脑调表器

首先，设备数据线直接跟车辆OBD进行连接，通过选取仪表里程调校；其次，选择相应的车型；最后，进入车型后，更改里程数，如图2-158所示。

图2-156　跑表器

图2-157　OBD校表器

图2-158　电脑调表器的操作

四、汽车里程表调校评估方法

1. 查看维修保养记录或保险单

查看维修保养记录或保险单是最简单、最直观的方法，这种方法特别适用于年份较新的车，一般这类车基本都会在4S店完成保养，如图2-159所示。此外，目前有很多网站也可以查询车辆的维修保养记录，比如"车鉴定""查博士"，可以通过查询记录辨别车辆的里程是否调整。同时，在检查车辆时，还可以查询车辆的保险记录，保险记录上同样也会记录车辆的里程数，根据日期进行实际比对。

2. 检查仪表台缝隙和OBD接口

（1）检查仪表盘和中控台间的连接位置　看接缝是否平整，是否存在松垮现象，是否有拆卸过的痕迹。

（2）检查OBD接口　看是否出现松动或存在使用痕迹，此接口除正常修理外，一般不会接触，因此内部必然存在灰尘。如果发现OBD接口非常干净，则可能被修理过或调过表，如图2-160所示。

3. 检查内饰磨损程度

1）车辆调表内饰判断，主要检查转向盘的磨损程度、制动踏板和加速踏板的磨损程度、中控台功能按键的磨损程度、座椅的磨损程度、变速杆和驻车制动的磨损程度、中央扶手箱的磨损程度、车窗功能按键的磨损程度和地毯脚垫的磨损程度等，如图2-161所示。

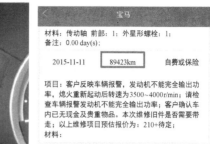

图2-159　通过维修保养记录与行驶里程判断调表车

图2-160　汽车OBD接口位置

图2-161　内饰磨损程度的检查

2）转向盘是驾驶人开车过程中触碰最多的部件之一，尤其是三点和九点方向的位置。转向盘的磨损程度是直接反映车辆使用频率高低的部件，因为长时间的触碰会使其发生不同程度的磨损，虽然不同人的驾驶习惯不同导致磨损的位置不一致，但是三年内的车转向盘的磨损程度很小。一般情况下，行驶里程数较多的车辆，转向盘会有明显磨损或油光现象。从图2-162来判断，这辆车的转向盘出现了严重的磨损。

如图2-163所示，转向盘中间的磨损与外侧磨损程度不同，而且颜色明显不一致，说明转向盘是后包的，这样的车鉴定评估师要特别注意，首先它行驶的里程很高，如果遇到这样的车，行驶里程又很少，需要特别注意。

3）制动踏板、加速踏板及离合器踏板是非常隐蔽却具有说服力的地方。首先，这三个踏板很容易被忽视；其次这三个踏板不太好更换，而且三个踏板的磨损几乎一致。

如图 2-164 所示，车辆行驶里程为 8 万 km，从图中可看出，三个踏板的沟纹较深，磨损并不太多。仔细检查，最左边的离合器踏板磨损最严重，其次是加速踏板，制动踏板磨损最少。

图 2-162　转向盘磨损情况　　　图 2-163　转向盘整体情况　　　图 2-164　检查制动踏板、加速
　　　　　　　　　　　　　　　　　　　　　　　　　　　　　　　　　踏板及离合器踏板的磨损情况

4）座椅滑轨脏污程度是一个很容易忽视的点，因为将其整理干净很麻烦，所以一般都会忽略。一般来说行驶里程公里数与此处的脏污程度成正比，行驶里程越大，此处越脏污。

从图 2-165 中可以看出，座椅滑轨旁边遍及各种脏污，但油污却非常均匀，左右的滑轨脏污程度也一致，因此可判断此处没有任何人为清理痕迹。

5）车窗功能按键日常使用频率也较高，一般行驶里程较高的车辆，车窗功能按键或周边区域会磨损严重，出现掉字、油光等现象，不过也要参考车辆本身的材质，如图 2-166 所示。一般质量较好的新车，行驶 3～5 年不会出现明显的磨损。

图 2-165　检查座椅滑轨脏污情况　　　　图 2-166　检查车窗功能按键、车门扶手磨损情况

4. 检查轮胎磨损程度

通过轮胎的磨损程度可以粗略判断车辆的行驶里程，一般轮胎行驶 3 年或 5 万～8 万 km 应更换。

观察轮胎的品牌和生产日期是否一致，通常换轮胎都是成对地更换，如果发现四个轮胎品牌不同、时间差异大，说明此车被动过手脚。同时，还可通过轮胎的生产日期和汽车出厂日期对比去判断轮胎是否更换过，如图 2-167 所示。

观察轮胎磨损程度时可参考轮胎磨损标志，通常轮

图 2-167　检查轮胎生产日期

胎的凹槽里都会有一个突起的横条，这个横条就是轮胎磨损的指示标记，只要轮胎胎面磨到这个标记处，必须更换轮胎。

5. 检查制动片或制动盘磨损程度

详见"检查车身外观"任务中相关内容介绍。

6. 检查发动机是否大修

正常发动机的更换周期一般为20万km，甚至有些车时间会更长，直到发动机出现问题才会进行维修。检查时需注意发动机的维修日期跟车辆出厂日期进行对比，尤其是年限将近的车型，更需注意检查发动机是否进行过大修。

> **小提示**
>
> 发动机进行维修的种类：
>
> 1）发动机损伤：拉缸、曲轴弯曲、发动机漏油等需要进行大修。
>
> 2）发动机进水导致连杆折断，曲轴变形等。
>
> 判断发动机是否大修需要拆卸固定支架、发动机附件。
>
> 从图2-168可看出，这辆2003款宝马3系发动机舱固定支架螺钉有拧动痕迹，气门盖有拆卸重新打胶痕迹，发动机电脑有拆卸痕迹、发动机附件也有拆卸痕迹，通过上述情况，可判断这辆车发动机进行过大修。

图2-168　2003款宝马3系发动机

7. 路试

路试的重点是感受发动机的声音、密封性和底盘的松散程度。

正常的发动机转速提高后声音是线性变化的，如果磨损严重的话，发动机转速提高后声音会明显变大，并且伴有杂声。

路试时，可检查发动机是否有漏油、漏液、功率下降、加速不畅、动力性变差、烧机油、冒蓝烟等现象；使用强度较大的车，底盘会明显变得松散。

任务十一　车辆拍照

 任务描述

图2-169为2009年注册登记的车辆雪佛兰科鲁兹。在进行二手车销售前，收购部门对该车进行了整备和翻新，从发动机舱情况看，车辆使用状况良好，发动机舱布置整齐，无事故情况。

仔细查看，该车散热器上支架、右侧车门均有拆卸的痕迹，右侧翼子板补漆后发生龟裂。作为二手车鉴定评估师，在车辆评估以及收购时，需要通过整体照片和细节照片，如实记录车辆状况，为车辆定价和销售提供依据。

任务分析

图 2-169　2009 年科鲁兹
发动机舱整备后照片

　　无论是传统的二手车收购商还是通过互联网发布二手车信息的自媒体，都会通过图片的形式向消费者展示车辆的真实情况。目前，购买二手车的消费者，多数会提前通过网络大概了解车辆的配置、新旧程度等信息。因此对二手车鉴定评估师来说，如何拍出能够真实反映车辆使用情况的高质量的图片至关重要。

 学习目标

1. 了解作为一名二手车鉴定评估师，在进行车辆拍照前，需要做哪些准备工作。
2. 掌握二手车外观、内饰拍照的具体方位和内容。
3. 掌握二手车资料收集内容。

 建议学时

4 学时。

 相关知识

一、二手车拍照前的准备工作

1. 工具的准备

　　拍照装备是拍出清晰、真实照片的前提，通常对数码相机的像素、档位设置、对焦方式、照片风格、感光度都有一定的要求，具体见表 2-8。

表 2-8　数码相机设置要求

设　置　项　目	具　体　要　求
相机像素	不低于 1000 万
档位设置	AUTO 档
对焦方式	自动对焦
像素尺寸	640×480
照片风格	标准
感光度（ISO）	自动

2. 车辆的准备

1）将车辆的外观、内饰彻底清洗、擦拭干净，车内无多余异物，保证车辆整洁。

2）二手车前风窗玻璃和仪表盘上无杂物。

3）二手车车牌无遮挡，真实反映车辆信息。

4）所有车门处于关闭状态，方便消费者通过图片了解车辆整体状况。

5）转向盘回正，所有车轮处于直线行驶状态。

6）二手车拍摄背景为可支撑的背景布，保证干净、整洁。

图 2-170 为一汽大众品牌二手车图片。

3. 拍照时间和场地的选择

拍二手车图片，通常会选择在室外进行，因此要注意光照强度、光照角度和当地天气情况对图片质量的影响。尽量采用正面光照，顺光角度拍摄，避免在强烈光照和光照不足的环境下拍照。为能够真实反映车辆外观情况，雨天一般不进行拍照。

对于品牌二手车经销商或 4S 店二手车部门而言，拍摄地点一般会选择在门店前方，方便展示店面品牌信息，如图 2-171 所示。

图 2-170　一汽大众品牌二手车外观、内饰图片

图 2-171　二手车图片展示店面品牌信息

二、二手车整体外观常见拍摄位置的确定

1. 正前面

站在车前 2.5m 处对二手车前侧进行拍照，重点展示车辆前保险杠、进气格栅、牌照及牌照框、前风窗玻璃、发动机舱等部位，如图 2-172 所示。

2. 侧面

在车辆正侧面进行拍摄，记录车辆侧面腰线的平顺性，车门漆面情况，各缝隙上下均匀、一致。

3. 正后面

站在车后 2.5m 处对二手车后侧进行拍照，重点展示车辆后保险杠、牌照及牌照框、后风窗玻璃、行李舱等部位，如图 2-173 所示。

图 2-172　二手车正前面拍照　　　　　图 2-173　二手车正后面拍照

4. 前侧

二手车鉴定评估师通常会站于车辆左前侧进行拍照：脚与左侧车头对正，向后退几步，

保证相机与车身左侧保持45°左右的角度。

5. 后侧

二手车鉴定评估师通常会站于车辆右后侧进行拍照：脚与右侧车尾对正，向后退几步，保证相机与车身右侧保持45°左右的角度，如图2-174所示。

图2-174　二手车左前侧和右后侧照片

三、二手车局部拍摄位置及拍摄内容

1. 内饰

对于二手车消费者来说，最为关注内饰照片，通过内饰可以反映出车辆的使用强度、配置等信息，是决定二手车销售价格的重要因素之一。作为二手车鉴定评估师，在对车辆内饰情况进行拍照时，需要重点拍摄仪表盘、转向盘、变速杆、座椅、脚垫、车顶、后排座椅等部位。

在对仪表盘进行拍照时，需要接通全车电源，显示车辆表征里程，如图2-175所示。同时，通过仪表盘上各指示灯的开、关情况初步判断车辆线路是否存在故障或发生过泡水事故。

图2-175　二手车仪表盘照片

通过拍照明确转向盘、转向盘套以及变速杆的磨损情况，了解车辆的使用强度，结合表征里程数判断该车是否为调表车。图2-176为2009年的1.8T自动舒适版迈腾的转向盘和变速杆的磨损情况，通过观察可以判断该车使用强度较高，但是仪表盘表征里程显示为8.6万km。通过这两点可以判断该车有调整里程表的嫌疑。

同一型号不同配置的车辆，往往在转向盘上会有一定的区别。例如：一汽大众生产的2019款1.6L的高尔夫，舒适型配置比时尚型配置多加装了多功能转向盘，如图2-177所示。对于二手车消费者来说，可以通过转向盘配置情况迅速了解车辆配置。

图2-176　2009年的1.8T自动舒适版迈腾
转向盘和变速杆的磨损情况

图2-177　2019款1.6L自动档舒适版和
自动档时尚版高尔夫转向盘配置

拍摄车辆座椅照片，一方面可以通过照片了解座椅材质，如实反映车辆配置。大多数低

配车辆往往采用织物座椅，高配车辆大多为真皮座椅；另一方面，通过照片可以反映座椅的磨损情况，以便消费者了解车辆的使用强度。

2. 发动机舱

为了如实反映车辆发动机舱的情况和结构，通常从发动机舱正面、侧面和内部分别拍照。

（1）正面拍照　主要拍摄发动机舱内的防火墙。

（2）侧面拍照　拍摄位置包括左右减振器、左右散热器支架和左右大梁。

3. 行李舱

对行李舱进行拍照时，要拍摄左后翼子板和右后翼子板内侧情况，如实反映后翼子板是否存在切割、焊接的情况。

拍摄行李舱盖的安装螺栓，向二手车消费者展示行李舱盖是否存在拆卸、修复的情况。图 2-178 为二手车行李舱安装螺栓，从螺栓漆面来看可以判断行李舱存在拆卸和维修的情况。

有些二手车存在"油改气"的情况，可通过拍摄行李舱两侧支架安装孔的照片如实反映出来。图 2-179 为油改气车辆，车主为了不影响二手车交易价格，通常会在二手车评估前拆卸行李舱内的气罐及气罐支架，但是支架固定

图 2-178　行李舱安装螺栓

位置会留下"小孔"，通过观察行李舱内是否有安装孔，来判断车辆是否为油改气车辆。

4. 二手车资料

在进行二手车收购前，为了确认车辆的身份和合法性，需要对车辆证件进行核实并拍照存档。具体需要的二手车资料包括车辆登记证书、车辆行驶证、交强险正本和副本、车主身份信息证明、车辆购车发票、车辆购置税完税证明、年检标志和交强险标志等。

（1）车辆登记证书　车辆登记证书又称车辆的"户口本"，一般由车辆所有人保管，是车辆所有权的法律证明。在对车辆登记证书进行拍照时，一般会拍摄 1～6 页内容，如实反映车辆信息和过户情况，如图 2-180 所示。

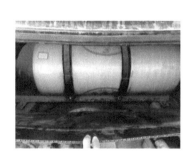

图 2-179　油改气车辆行李舱图片

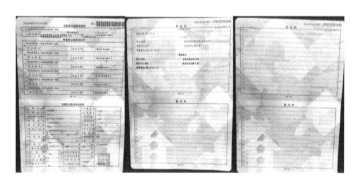

图 2-180　车辆登记证书 1～6 页

（2）车辆行驶证　车辆行驶证上记录了车辆的重要信息，包括车牌号码、车主姓名、型号类别、发动机号和车架号、承载要求、初次登记日期及年检情况。车辆行驶证具有唯一性，即一辆机动车只对应一组发动机号、车架号和车牌号码。同时，在拍照时，要注意车辆

行驶证信息与车辆登记证书信息一致。为了通过照片反映车辆信息的真实性，通常会将车辆行驶证和车架号记录在同一张照片中，如图2-181所示。

（3）交强险正本和副本　在二手车交易中，交强险具有随车原则，即二手车交易不解除交强险保险合同。因此在进行二手车评估、交易时，要特别注意车辆交强险合同是否齐全，并以此作为过户的必备材料。同时，要特别对前风窗玻璃左上角的年检标志和交强险标志进行拍照，以确保二手车的合法性。

（4）车主身份信息证明　为了确保车主的合法身份，在进行二手车收购、交易前，需要对车主身份信息进行核对，并拍照存档。如图2-182和图2-183所示，通常情况下，对于私人客户，会对车主身份证或军官证、护照进行拍照；对于公司客户需要对公司组织机构代码或公司营业执照进行拍照。

图 2-181　车辆行驶证与车架号一致对应

图 2-182　私人客户身份信息拍照

图 2-183　公司客户营业执照副本拍照

四、二手车拍摄注意事项

1）避免在有强光照射的环境下和昏暗光照环境下拍照。要采用正面光照，不得采用侧面光照或逆光。

2）车辆整体照片拍摄高度采用"平拍"，内饰照片及局部照片拍摄高度采用"俯拍"。

3）拍摄的所有照片，都要做到"轮廓分明，牌照号码清晰，车身颜色真实"。

任务十二　认知新能源二手车

 任务描述

从2009年新能源车最早在封闭区域内示范运营，到2013年少量市场化，再到2014年"新能源汽车元年"的发力，以36个月的一般标准，首批新能源车已经进入置换期。统计结果显示，车龄在 5 年以内的新能源二手车占市场上所有新能源二手车的 80%，符合过去 5 年新能源汽车市场化进程。

 任务分析

对于卖方而言，新能源二手车不尽如人意的折旧率带来了"车难卖"的局面；而对于买方而言，匮乏的市场也带来了"车难买"的问题。目前对于新能源二手车的处理主要有网络二手车交易平台、实体二手车交易市场或中介、企业回购或经销商置换三条途径。

据了解，二手车经销商对新能源车的态度多数是拒绝的，只有部分经销商在尝试收购。商户表示，一方面由于新能源二手车需求量太小，收到后难以出手；另一方面，由于各企业在新能源车的电池寿命以及安全性方面各不相同，导致在保值率的计算上有很多不确定性，进而使新能源二手车难以像传统燃油车那样有着完善成熟的二手车残值评估标准。

 学习目标

1. 掌握新能源汽车的分类。
2. 了解目前新能源二手车市场面临的问题。

建议学时

2 学时。

 相关知识

一、电动汽车分类

国家标准 GB/T 19596—2017《电动汽车术语》中按照汽车行驶动力来源的不同，将电动汽车划分为纯电动汽车、混合动力电动汽车和燃料电池电动汽车三种基本类型，如图 2-184 所示。

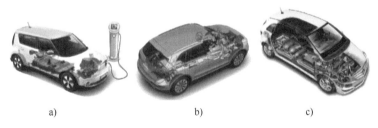

a)　　　　　　　　　b)　　　　　　　　　c)

图 2-184　新能源汽车

a) 纯电动汽车　b) 混合动力电动汽车　c) 燃料电池电动汽车

1. 纯电动汽车（BEV）

纯电动汽车（BEV）是指驱动能量完全由电能提供的、由电机驱动的汽车。电机的驱动电能来源于车载可充电储能系统或其他能量储存装置，如图 2-185 所示。

2. 混合动力电动汽车（HEV）

混合动力电动汽车（HEV）是指能够至少从下述两类车载储存的能量中获得动力的汽车：

——可消耗的燃料；

——可再充电能/能量储存装置。

与普通内燃机汽车相比，提高了能量转化效率，降低了燃油消耗和排放；与纯电动汽车相比，由于混合动力电动汽车可利用加油设施，因此克服了目前纯电动汽车（BEV）一次充电续驶里程短的缺陷，如图 2-186 所示。

图 2-185　EV160 纯电动汽车

3. 燃料电池电动汽车（FCEV）

燃料电池电动汽车（FCEV）是以燃料电池系统作为单一动力源或者是以燃料电池系统与可充电储能系统作为混合动力源的电动汽车，包括燃料电池混合动力电动汽车和纯燃料电池电动汽车。

图 2-186　混合动力电动汽车

二、新能源二手车

对于纯电动二手车，可以通过电脑检查动力蓄电池电量使用情况，比如动力蓄电池使用寿命、衰减情况、电池密度、充放电次数等相关信息。其他部分由于机械特性造成纯电动汽车不会有太大磨损，所以像一般燃油车检查有没有过碰撞事故即可。对纯电动汽车除了车辆类型、规定使用年限、累计行驶里程、维护保养情况外对其二手车残值影响最大的，就集中在动力蓄电池的衰减上。

1. 动力蓄电池

动力蓄电池是电动汽车的核心，是纯电动汽车驱动能量的唯一来源，直接关系到电动汽车的动力性能、续驶里程，也与电动汽车的安全性直接相关。

动力蓄电池按工作介质可分为铅酸蓄电池、金属氢化物镍蓄电池、锂离子蓄电池和超级电容器。

北汽新能源 EV200 采用三元锂电池作为其动力蓄电池，具体参数见表 2-9。

表 2-9　北汽 EV200 动力蓄电池参数

名称	SK-30.4kW·h	电芯供应商	SKI
零部件号	E00008302	BMS 供应商	SK innovation
额定电压/V	332	总质量/kg	291
电芯容量/A·h	91.5	总体积/L	240
额定能量/kW·h	30.4	工作电压范围/V	250～382
连接方式	3P91S	质量比能量/(W·h/kg)	104
电池系统供应商	BESK	体积比能量/(W·h/L)	127

新能源汽车动力蓄电池成本占比高，续驶里程随使用而缩减。以纯电动汽车为例，动力

蓄电池成本占到整车成本的40%~50%，动力蓄电池本身易损耗，在多次充放电后，容量将逐渐衰减，续驶里程也就相应降低。对于普通电池，容量降低带来的问题并不显著，但对于电动汽车，就算容量只降低了20%，也是对原本就不充裕的续驶里程雪上加霜，加大了二手车买方的顾虑，如图2-187所示。

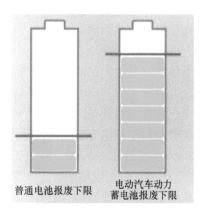

图2-187　普通电池与电动汽车
动力蓄电池报废下限

2. 蓄电池管理系统（BMS）

BMS是动力蓄电池保护和管理的核心部件。在动力蓄电池系统中，BMS的作用相当于人的大脑，其主要任务是保证电池组一直处在正常、安全的工作状态，在电池状态出现异常时及时响应处理，并根据车辆行驶状态、环境温度、电池状态决定电池的充放电功率等，如图2-188所示。

3. 驱动电机

驱动电机是纯电动汽车三大核心部件之一，是车辆行驶的主要执行机构，其特性决定了车辆的主要性能指标，直接影响车辆动力性、经济性和用户驾乘感受。

电动汽车常用驱动电机有永磁同步电机、交流异步电机等。

（1）永磁同步电机　永磁同步电机的含义，其中的永磁，是指在制造电机转子时加入永磁体，使电机的性能得到进一步的提升；而同步，指的是转子的转速与定子绕组的电流频率始终保持一致。这样一来，只要控制电机的定子绕组输入电流频率，即可控制车速，非常便捷。采用了永磁同步电机的北汽新能源EU400如图2-189所示。

（2）交流异步电机　交流异步电机的转子没有永磁体，也无须换向器、电刷，所以结构简单，运行可靠耐用，维修方便。如特斯拉的Model X采用的就是交流异步电机，如图2-190所示。

图2-188　BMS

图2-189　北汽新能源EU400

图2-190　Model X

三、新能源二手车市场问题

1. 缺乏统一评估标准

据悉，大部分二手车经销商不愿接手新能源汽车的原因，除了考虑收益外，最重要的是缺乏新能源二手车对应的评估标准，尤其是动力蓄电池的评估标准和回收体系。难以确定新能源二手车的残值率，行业内也没有统一的评价标准，导致这些想要收购新能源二手车的经销商面临额外的风险成本。

2. 消费者普遍认可度低

目前，部分一、二线城市是购买新能源汽车的主力市场，对于二手车主要流入的三、四线城市，由于人们普遍的消费习惯仍集中在燃油车方面，加之新能源汽车保值率低、新能源二手车价格高，行业无统一标准、充电设施不完善等因素以及维护成本、里程焦虑等问题，使得消费者对于新能源二手车的认可度很低，销量也不好。

3. 收购者面临高风险

"市场小，销售周期不确定；保值率不稳，没有稳定的价格预期"成为有心收购新能源二手车经销商的主要顾虑。由于新能源二手车是处在培育期的新兴细分市场，不能保证交易量和交易频率，二手车经销商收在手里的新能源车很可能面临长期无法卖出的情况，增加资金周转的负担；同时由于技术的快速迭代，新能源二手车也可能大幅贬值，而且积压时间越长，贬值损失就越大。

二手车动态技术鉴定

任务 鉴定二手车动态技术

任务描述

二手车除了静态检查，路试检查也是必须要做的。路试检查要求在路试过程中会听、会看、会试，准确来说是二手车鉴定评估师去感受这辆车，如图 3-1 所示。那么路试都包含哪些要点呢？

任务分析

图 3-1　二手车路试检查

路试是二手车鉴定时必不可少的环节，通过发动机起动、怠速、起步、加速、匀速、滑行、强制减速、紧急制动，从低档位到高档位，再从高档位到低档位，检查车辆的动力性能、操控性能、制动性能、滑行性能、舒适性及排放情况等。

学习目标

1. 掌握路试前的准备工作。

2. 掌握发动机性能检查的方法和技巧，能正确评价发动机的起动性能、怠速性能、加速性能和排放性能。

3. 掌握汽车路试检查的方法和技巧，能正确评价汽车的动力性、制动性、行驶平稳性，能判断汽车的故障症状和原因。

4. 掌握自动变速器路试检查方法，能正确评价自动变速器的性能。

建议学时

4 学时。

相关知识

一、动态检查的主要内容

二手车的动态检查是指在发动机起动状态下，检查车辆的技术状况，包括车辆起动状态检查、怠速检查和路试。路试的主要目的是在一定条件下，通过机动车各种工况，检查汽车的操纵性能、制动性能、滑行性能、加速性能、噪声和废气排放情况，以鉴定二手车的技术状况。

二、路试前的准备

1. 检查机油油位

检查之前应将车停放在平坦的场地上。将点火开关钥匙拧到关闭位置，拉起驻车制动，变速杆置于空档位置。

打开发动机舱盖，抽出机油尺，将机油尺用抹布擦净油迹后，插入机油尺导孔，拔出查看。油位在上下刻线之间，即为合适，如图3-2所示。

2. 检查冷却液液位

检查冷却液时，对于没有膨胀水箱的冷却系统，可以打开散热器盖进行检查，要求液面不低于排气孔10mm。如果使用防冻液，要求液面高度应低于排气孔50~70mm（这是为了防止防冻液因温度升高而溢出）；

图3-2　检查机油尺

对于装有膨胀水箱的冷却系统，应检查膨胀水箱的冷却液是否在规定刻线（MIN~MAX之间）。检查水量时，应在冷车状态下进行，检查应扣紧散热器盖，如图3-3所示。

3. 检查制动液液位

正常制动液位置应在贮液罐的上限（MAX）与下限（MIN）刻线之间或标定位置处，如图3-4所示。

4. 检查离合器液压油液位

检查离合器液压油液位高度的方法与检查制动液相同。离合器储液室液压油液位应在MAX和MIN之间。

5. 检查动力转向油的油量

首先，将动力转向储油罐的外表擦干净，然后再将加油口盖从贮油罐上取下，用干净的布块将油标尺上的油擦干净，重新将油标尺装上（检查时，请不要拧紧加油口盖），然后取下油标尺，检查油平面。在检查或添加动力转向油时，应检查油质情况，发现变质或污染时应及时更换，如图3-5所示。

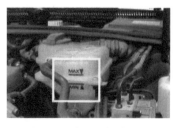

图3-3　检查冷却液液位

图3-4　检查制动液液位

图3-5　检查动力转向油

6. 检查燃油箱的油量

打开点火开关，观察燃油表，了解油箱大致储油量。

7. 检查冷却风扇传动带

检查冷却风扇传动带的紧度，用拇指以 90~100N 的力按压传动带中间部位时，挠度应为 10~15mm。如不符合要求，可调节发动机支架固定螺栓的位置进行调整。

8. 检查制动踏板

踩下制动踏板 25~50mm，应感到坚实而没有松软感。另外，还要检查驻车制动是否工作，是否能将汽车稳固地保持住，如图 3-6 所示。

9. 检查轮胎气压

拧开轮胎气嘴的防尘帽，用轮胎气压表测量轮胎气压，轮胎的气压应符合规定，如图 3-7 所示。

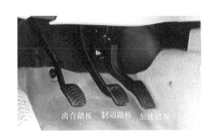
图 3-6　检查制动踏板

图 3-7　测量胎压

三、发动机工作性能的检查

1. 检查发动机起动性

正常情况下，起动发动机时，应在 3 次内起动成功。起动时，每次时间不超过 5s，再次起动时间要间隔 15s 以上。

影响发动机起动性的原因有很多，主要有油路、电路、气路和机械四个方面原因。如供油不畅、电动汽油泵无保压、点火系统漏电、蓄电池电极锈蚀、空气滤清器堵塞、气缸磨损致使气缸压力过低、气门关闭不严等。

2. 检查发动机怠速

发动机起动后使其怠速运转，打开发动机舱盖，观察怠速运转情况，怠速应平稳，发动机振动很小。观察仪表盘上的发动机转速表，发动机的怠速应在（800±50）r/min，不同发动机的怠速转速可能有一定的差别。若开空调，发动机转速应上升，其转速约为 1000r/min。

发动机怠速时，若出现转速过高、过低、发动机抖动严重等现象，说明发动机怠速不良。

3. 检查发动机异响

让发动机怠速运转，听发动机有无异响、响声大小。然后，调整节气门开度，适当增加发动机的转速，倾听发动机的异响是否加大，或是否有新的异响出现。

4. 检查发动机急加速性

待发动机运转正常后，发动机温度达到 80℃ 以上，调整节气门开度，从怠速到急加速，观察发动机的急加速性能，然后迅速松开节气门，注意发动机怠速是否熄火或工作不稳。通常急加速时，发动机发出强劲且有节奏的轰鸣声。

5. 检查发动机曲轴箱窜气量

打开发动机曲轴箱通风出口，调整节气门开度，逐渐加大发动机转速，观察曲轴箱的窜气量，如图 3-8 所示。正常发动机曲轴箱的窜气量较少，无明显油气味，四缸发动机一般在 10～20L/min。

若曲轴箱窜气量大于 60L/min，曲轴箱通风系统不能保证曲轴箱的气体完全被排出，通风系统可能结胶堵塞，曲轴箱气体压力将增大，曲轴箱前后油封可能漏油，说明该发动机需要大修。

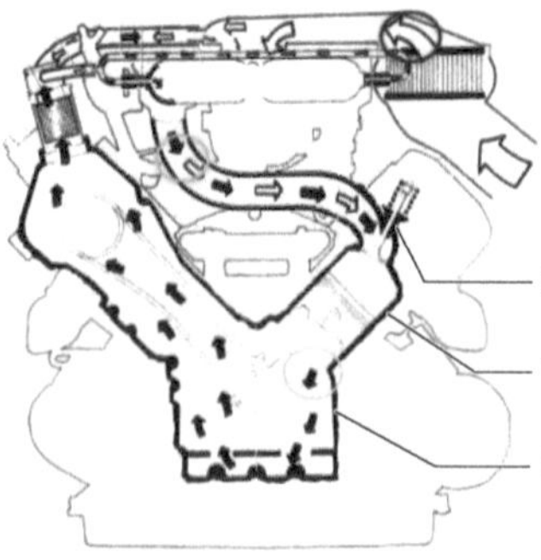

进气门
气缸
曲轴箱

图 3-8　曲轴箱通风系统简图

6. 检查排气颜色

正常的汽油机排出的气体是无色的，在严寒的冬季可见白色的水汽；柴油机带负荷运转时，排出的气体一般是灰色的，负荷加重时，排气颜色会深一些。汽车排气常有三种不正常的烟雾。

（1）冒黑烟　冒黑烟意味着燃油系统输出的燃油太多。换句话说，空气、燃油混合气太浓，不能完全燃烧，如图 3-9 所示。

（2）冒蓝烟　冒蓝烟意味着发动机烧机油，即机油窜入燃烧室，如图 3-10 所示。

图 3-9　冒黑烟

图 3-10　冒蓝烟

（3）冒白烟　冒白烟意味着发动机烧自身冷却系统中的冷却液（防冻液和水）。这可能是气缸垫烧坏，使冷却液从冷却液通道渗漏到燃烧室中；也可能是缸体有裂纹，冷却液进入气缸内。白烟的另一个解释是由非常冷和潮湿的外界空气引起（低露点），如图 3-11 所示。

如果是自动档汽车，汽车行驶时排出大量白烟可能是自动变速器有问题，而不是冷却液引起的。

图 3-11　冒白烟

（4）排气气流不平稳　将手放在距排气管排气口约 10cm 处，感受发动机怠速时排气气流的冲击。正常排气气流有很小的脉冲感。若排气气流有周期性的打嗝或不平稳的喷溅，说明气门、点火系统或燃油系统有问题而引起间断性失火。

将一张白纸悬挂靠近排气口约 10cm，如果纸不断地被排气气流吹开，说明发动机运转正常；如果纸偶尔地被吸向排气口，说明发动机配气机构可能有问题。

四、手动变速器汽车的路试检查

汽车路试一般行驶约 20km，通过一定里程的路试检查汽车的工况。

1. 检查离合器的工作状况

按正常汽车起步方法操纵汽车，使汽车挂档平稳起步，检查离合器的工作情况。

正常情况下，离合器应接合平稳，分离彻底，工作时无异响、抖动和不正常打滑等现象。踏板自由行程符合汽车技术条件的有关规定，一般为 30~45mm。

如果离合器摩擦片发抖或有异响，说明离合器内部有零部件损坏，应立即结束路试，如图 3-12 所示。

图 3-12　汽车踏板—离合踏板

2. 检查变速器的工作状况

手动变速器的远距离操纵机构如图 3-13 所示。在路试中，从起步加速到高速档，再由高速档减至低速档，检查变速器换档是否轻便灵活、是否有异响、互锁和自锁装置是否有效、是否有乱档现象、加速车速是否有掉档现象。换档时变速杆不得与其他部件干涉。

在换档时，变速器齿轮发出响声说明变速器换档困难，这是变速器常见的故障。一般由于变速传动机构失调、换档叉轨变形或锈蚀、同步器损坏所致。对于变速传动机构失调或锈蚀，尤其是远程换档机构，只需重新调整即可。对于同步器损坏，需要更换同步器，费用较高。

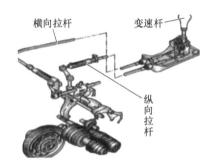

图 3-13　手动变速器的远距离操纵机构

在汽车行驶过程中，急速踩下加速踏板或汽车受到冲击时，变速杆自行回到空档，即为掉档。当变速器出现掉档时，说明变速器内部磨损严重，需要更换磨损的零部件，才能恢复正常的性能。

在路试中，如果换档后出现变速杆发抖现象，说明汽车变速器的使用时间很长，变速器操纵机构的各个铰链处磨损松旷，使变速杆处的间隙过大。

3. 检查汽车动力性能

汽车起步后，加速行驶，猛踩加速踏板，检查汽车的加速性能。通常，急加速时，发动机发出强劲的轰鸣声，车速迅速提升。通过路试检查出被检汽车的加速性能与正常的该车型加速性能的差距。

检查汽车的爬坡性能，检查汽车在相应的坡道上使用相应档位时的动力性能，是否与经验值相近，是否正常。

检查汽车是否能达到原设计最高车速。

4. 检查汽车制动性能

汽车起步后，先轻踩一下制动踏板，检查是否有制动；将车加速至 20km/h 时做一次紧急制动，检查制动是否可靠，有无跑偏、甩尾现象；再将车加速至 50km/h，先用点制动的方法检查汽车是否立即减速、是否跑偏，再用紧急制动的方法检查制动距离和跑偏量。

当踩下制动踏板时，若制动踏板或制动鼓发出冲击或刺耳声，说明制动摩擦片可能磨损，路试结束后应检查制动摩擦片的厚度。

若踩下制动踏板有踩海绵感，说明制动管路进入空气，或制动系统某处有泄漏，应立即停止路试。

5. 检查汽车行驶稳定性

车速以 50km/h 直线行驶，双手松开转向盘，观察汽车行驶状况。此时，汽车应继续直线行驶且有不明显地转向。无论汽车转向哪一边，都说明汽车的转向轮定位不准，或车身、悬架变形。

车速以 90km/h 以上车速高速行驶，观察转向盘有无摆动现象，即所谓的"汽车摆头"。若汽车有高速摆头现象通常意味着存在严重的车轮不平衡或不对中问题。

选择宽敞的路面，左右转动转向盘，检查转向是否灵活、轻便。

转向盘最大自由转动量不允许大于 20°（最高设计车速不小于 100km/h 的机动车）。若转向盘的自由转动量过大，说明转向机构磨损严重，使转向盘的游动间隙过大，从而造成转向不灵。

6. 检查汽车行驶平顺性

将汽车开到凹凸路面行驶，或通过铁轨，或通过公路有伸缩接缝的路段，感受汽车的行驶平顺性和乘坐舒适性。

当汽车转弯或通过不平的路面时，倾听是否有从汽车前端发出忽大或忽小的"嘎吱"声或低沉噪声，这可能是滑柱或减振器紧固装置松了，或轴衬磨损严重。汽车转弯时，若车身侧倾过大，可能是横向稳定杆衬套或减振器磨损严重。

在前轮驱动汽车上，前面发出"咯哒"声、沉闷金属声、"滴答"声，可能是万向节已磨损，需要维修。万向节维修费用昂贵，和变速器大修费用差不多。

7. 检查汽车滑行能力

在平坦的路面上，进行汽车滑行试验。将汽车加速至 30km/h 左右，踏下离合器踏板，将变速器挂入空档滑行，其滑行距离应符合表 3-1 的要求。否则，说明汽车传动系统的传动阻力大，传动效率低，油耗增大，动力不足。汽车越重，其滑行距离越长。初始车速越高，其滑行距离越长。

将汽车加速至 40~60km/h，迅速抬起加速踏板，检查有无明显的金属撞击声，如果有，说明传动系统间隙过大。

表 3-1　车辆滑行距离要求

汽车整备质量 M/kg	双轴驱动车辆滑行距离/m	单轴驱动车辆滑行距离/m
$M < 1000$	≥104	≥130
$1000 \leqslant M \leqslant 4000$	≥120	≥160
$4000 < M \leqslant 5000$	≥144	≥180
$5000 < M \leqslant 8000$	≥184	≥230
$8000 < M \leqslant 11000$	≥200	≥250
$M > 11000$	≥214	≥270

8. 检查风噪声

逐渐提高车速，使汽车高速行驶，倾听车外风噪声。风噪声过大，说明车门或车窗密封条变质损坏，或车门变形导致密封不严，尤其是整形后的事故车容易出现此类现象，如图 3-14 所示。

通常，车速越高，风噪声越大。对于空气动力学性能好的汽车，其密封和隔声性能好，风噪声较小；而对于空气动力学性能较差的汽车，或整形后的事故车，风噪声一般较大。

图 3-14　检查车窗密封条

9. 检查驻车制动

选一坡路，将汽车停在坡中，拉上驻车制动，观察汽车是否停稳，有无滑溜现象。通常驻车制动力不应小于整车重量的 20%。

五、自动变速器汽车的路试检查

1. 自动变速器汽车路试前的准备工作

在路试前，先保持汽车以中低速行驶 5～10min，让发动机和自动变速器都达到正常工作温度。

2. 检查自动变速器升档

将变速杆拨至前进档（D 位），踩下加速踏板，使节气门保持在 1/2 开度左右，让汽车起步加速，检查自动变速器的升档情况。自动变速器在升档时发动机会有瞬时的转速下降，同时车身有轻微的颤动感。正常情况下，随着车速的升高，试车者应能感觉到自动变速器能顺利地由 1 档升入 2 档，随后再由 2 档升入 3 档，最后升入超速档。若自动变速器不能升入高档（3 档或超速档），说明控制系统或换档执行元件有故障。

3. 检查自动变速器升档车速

将变速杆拨至前进档（D 位），踩下加速踏板，并使节气门保持在某一固定开度，让汽车加速。当察觉到自动变速器升档时，记下升档车速。一般 4 档自动变速器在节气门开度保持 1/2 时由 1 档升至 2 档的升档车速为 25～35km/h，由 2 档升至 3 档的升档车速为 55～70km/h，由 3 档升至 4 档（超速档）的升档车速为 90～120km/h。只要升档车速基本保持在上述范围内，而且汽车行驶中加速良好，无明显的换档冲击，都可以认为其升档车速基本正常。

升档车速太低一般是控制系统故障所致；换档车速太高则可能是控制系统或是换档执行元件的故障所致。

4. 检查自动变速器升档时发动机转速

在正常情况下，若自动变速器处于经济模式或普通模式，节气门保持在低于 1/2 开度范围内，则在汽车由起步加速直至升入高速档的整个行驶过程中，发动机转速都低于 3000r/min。通常在加速至即将升档时发动机转速可达到 2500～3000r/min，在刚刚升档后的短时间内发动机转速下降至 2000r/min 左右，如果在整个行驶过程中发动机转速始终过低，加速至升档时仍低于 2000r/min，说明升档时间过早或发动机动力不足；如果在行驶过程中发动机转速始终偏高，升档前后的转速在 2500～3000r/min，而且换档冲击明显，说明升档时间过迟；如果在行驶过程中发动机转速过高，经常高于 3000r/min，在加速时达到 4000～5000r/min，甚至更高，说明自动变速器的换档执行元件（离合器或制动器）打滑，需要拆修自动变速器。

5. 检查自动变速器换档质量

换档质量的检查内容主要是检查有无换档冲击。正常的自动变速器只能有不太明显的换档冲击，特别是电子控制自动变速器的换档冲击十分微弱。若换档冲击太大，说明自动变速器的控制系统或换档执行元件有故障，其原因可能是油路油压过高或换档执行元件打滑，需要维修。

6. 检查自动变速器的锁止离合器工作状况

让汽车加速至超速档，以高于80km/h的车速行驶，并让节气门开度保持在低于1/2的位置，使变矩器进入锁止状态。此时，快速将加速踏板踩下至2/3开度，同时检查发动机转速的变化情况。若发动机转速没有太大变化，说明锁止离合器处于接合状态；反之，若发动机转速升高很多，表明锁止离合器没有结合，其原因通常是锁止控制系统有故障。

7. 检查发动机制动功能

检查自动变速器有无发动机制动作用时，应将变速杆拨至低档（S、L或2、1位），在汽车以1档或2档行驶时，突然松开加速踏板，检查是否有发动机制动作用。若松开加速踏板后车速立即随之下降，说明有发动机制动作用；否则，说明控制系统或前进强制离合器有故障。

8. 检查自动变速器强制降档功能

检查自动变速器强制降档功能时，应将变速杆拨至前进档（D位），保持节气门开度为1/3左右，在以2档、3档或超速档行驶时突然将加速踏板完全踩到底，检查自动变速器是否被强制降低一个档位。在强制降档时，发动机转速会突然上升至4000r/min左右，并随着加速升档，转速逐渐下降。若踩下加速踏板后没有出现强制降档，说明强制降档功能失效。若在强制降档时发动机转速上升过高，达5000~6000r/min，并在升档时出现换档冲击，说明换档执行元件打滑，需要拆修。

六、动态检查信息表

动态检查信息见表3-2。

表3-2 动态检查信息表

检查项目	故障描述
发动机	□运行平稳，加速顺畅，工况良好　□发动机敲缸　□加速异响　□加速无力　□加速闯车 □机油压力报警　□冷却液温度高　□发动机缸盖漏水
变速器（手动）	□无故障　□档位不清　□换档异响　□行驶异响　□行驶脱档　□倒档异响　□离合器打滑烧蚀
变速器（自动）	□无故障　□换档冲击大　□换档延迟　□加速闯车　□打滑　□行驶异响　□倒档失灵 □失灵
前悬架	□无故障　□前副梁松旷　□转向节臂松旷　□转向球头松旷
后悬架	□无故障　□后桥松旷
涡轮增压器	□无故障　□加速异响　□加速无力　□漏机油
路试	□无故障　□底盘松旷　□车辆前部行驶异响　□行驶跑偏　□方向不能自动回位　□制动跑偏
性能状况综合描述	

车辆动态检查是二手车鉴定评估师在试驾评估车辆过程中以及试驾结束后对被评估车辆给出的检查结果。

项目四

二手车价值评估

 任务描述

　　车辆经过静态检查、动态检查后，根据车辆技术状况及鉴定目的，二手车鉴定评估师需运用重置成本法对车辆价值进行评估。

 任务分析

　　通过使用重置成本法对车辆价值进行评估，计算出车辆价值。

 学习目标

　　1. 能够正确确定车辆的重置成本、实体性贬值、功能性贬值、经济性贬值和成新率。
　　2. 能够运用重置成本法对二手车进行价值评估。

 建议学时

　　2 学时。

 相关知识

一、重置成本法的基本内容

1. 重置成本法的计算模型

　　重置成本法是指按重新购置或建造一个全新状态的被评估资产需要的全部成本（即重置成本），扣减其现时的实体性贬值、功能性贬值和经济性贬值后得出被评估资产价值的一种评估方法。也可以先通过被评估二手车与其全新状态相比，测算出其成新率，进行评估。其计算模型如下：

　　模型一：　　　　　　　　　　　$P = B - (D_S + D_G + D_J)$
　　模型二：　　　　　　　　　　　$P = BC$
　　模型三：　　　　　　　　　　　$P = BCK\phi$

式中　　P——被评估车辆的评估值；

　　　　B——重置成本；

　　　　D_S——实体性贬值；

　　　　D_G——功能性贬值；

　　　　D_J——经济性贬值；

　　　　C——成新率；

　　　　K——综合调整系数；

　　　　ϕ——二手车变现系数。

采用模型一，除了要准确了解二手车的重置成本和实体性贬值外，还必须计算其功能性贬值和经济性贬值，而这两者的贬值因素要求评估师对未来影响二手车的营运成本、收益乃至经济寿命有较为准确的把握，否则难以评估二手车的市场价值。

从理论上讲，模型一优于模型二和模型三，这是因为模型一中不仅扣除了车辆的有形损耗，还扣除了车辆的功能性损耗和经济性损耗，但其实际的可操作性较差，使用困难。

模型二适用于整车观测法和部件鉴定法来估算成新率。

模型三适用于年限法中的等速折旧法和行驶里程法来估算成新率。

模型二和模型三中成新率的确定是综合了二手车的各项贬值的结果，具有收集便捷、操作简单易行、评估理论更贴近机动车实际工作状况、容易被委托人接受等优点。故模型二和模型三被广泛采用。

重置成本的估算在资产评估中，其估算的方法很多，对于二手车评估定价，一般采用以下两种方法。

（1）直接法　直接法也称重置核算法，它是按待评估车辆的成本构成，以现行市价为标准，计算被评估车辆重置全价的一种方法。也就是将车辆按成本构成分成若干组成部分，先确定各组成部分的现时价格，然后加总得出待评估车辆的重置全价。

重置成本的构成可分为直接成本和间接成本两部分。直接成本是指直接可以构成车辆成本的支出部分，具体来说是按现行市价的买价，加上运输费、购置附加费、消费税、人工费等；间接成本是指购置车辆发生的管理费、专项贷款发生的利息、注册登记手续费等。

以直接法取得的重置成本，无论国产或进口车辆，尽可能采用国内现行市场价作为车辆评估的重置成本全价。市场价可通过市场信息资料（如报纸、专业杂志和专业价格资料汇编等）和向车辆制造商、经销商询价取得。在重置成本全价中，二手车价格评估人员应注意区别合理收费和无依据收费。

根据不同评估目的，二手车重置成本全价的构成一般分下述两种情况考虑：

1）属于所有权转让的经济行为或为司法、执法部门提供证据的鉴定行为，可按被评估车辆的现行市场成交价格作为被评估车辆的重置全价，其他费用略去不计。

2）属于企业产权变动的经济行为（如企业合资、合作和联营，企业分设、合并和兼并等），其重置成本构成除了考虑被评估车辆的现行市场购置价格以外，还应考虑将国家和地方政府对车辆加收的其他税费（如车辆购置附加费、教育费附加费、车船使用税等）一并计入重置成本全价。

（2）物价指数法　物价指数法是在二手车原始成本基础上，通过现时物价指数确定其重置成本的一种方法。计算公式为：

$$车辆重置成本 = 车辆原始成本 \times \frac{车辆评估时物价指数}{车辆购买时物价指数}$$

或

$$车辆重置成本 = 车辆原始成本 \times (1 + 物价变动指数)$$

如果被评估车辆是淘汰产品，或是进口车辆，当询不到现时市场价格时，这是种很有用的方法。

💡 **小提示**

1）一定要先检查被评估车辆的账面购买原价。如果购买原价不准确，不能用物价指数法。

2）用物价指数法计算出的值，即为车辆重置成本值。

3）运用物价指数法时，现在选用的指数往往与评估对象规定的评估基准日之间有一段时间差。这一时间差内的价格指数可由评估人员依据近期内的指数变化趋势结合市场情况确定。

4）物价指数要尽可能选用有法律依据的国家统计部门或物价管理部门以及政府机关发布和提供的数据。有的可取自有权威性的国家政策部门所辖单位提供的数据。不能选用无依据、不明来源的数据。

---

2. 实体性贬值

实体性贬值也叫有形损耗，是指二手车在存放和使用过程中，因机件磨损和损耗等原因导致的车辆实体发生的价值损耗，也指由于自然力的作用而发生的损耗。投入交易的二手车一般都不是全新状态的，因此都存在实体性贬值。确定实体性贬值，主要依据新旧程度，包括表体及内部构件、部件的损耗程度。假如用损耗率来衡量，全新的车辆，其实体性贬值为0，而完全报废的车辆，其实体性贬值为100%，处于其他状态下的车辆，其实体性贬值率则位于这两个数字之间。

实体性贬值的估算，一般采取以下三种方法：

（1）观察法 观察法也称成新率法，是指由具有专业知识和丰富经验的工程技术人员对车辆的实体各主要总成、部件进行技术鉴定，并综合分析车辆的设计、制造、使用、磨损、维护、修理、改装情况和经济寿命等因素，将评估对象与其全新状态相比较，考察由于使用磨损和自然损耗对车辆的功能、技术状况带来的影响，判断被评估车辆的有形损耗率，从而估算实体性贬值的一种方法。计算公式为：

$$车辆实体性贬值 = 重置成本 \times 有形损耗率$$

（2）使用年限法 通过确定被评估二手车已使用年限与该车辆预期可使用年限的比率来确定二手车有形损耗。计算公式为：

$$车辆实体性贬值 = (重置成本 - 残值) \times \frac{已使用年限}{规定使用年限}$$

式中残值是指二手车在报废时净回收的金额，在鉴定评估中一般略去残值不计。

（3）修复费用法 修复费用法也叫功能补偿法。通过确定被评估二手车恢复原有的技术状态和功能所需要的费用补偿，来直接确定二手车的有形损耗。这种方法是对交通事故车辆进行评估的常用法。计算公式为：

$$二手车有形损耗 = 修复后的重置成本 - 修复补偿费用$$

3. 功能性贬值

功能性贬值是指由于科学技术的发展导致的车辆贬值，即无形损耗。这类贬值又可细分为一次性功能贬值和营运性功能贬值。

（1）一次性功能贬值　一次性功能贬值属无形损耗范畴，是指由于技术进步引起劳动生产率的提高，现在再生产制造与原功能相同的车辆的社会必要劳动时间减少，成本降低而造成原车辆的价值贬值。具体表现为原车辆价值中有一个超额投资成本将不被社会承认。

对目前在市场上能购买到的且有制造厂家继续生产的全新车辆，一般采用市场价即可认为该车辆的功能性贬值已包含在市场价中了，这是最常用的方法。从理论上讲，同样的车辆其复原重置成本与更新重置成本之差即是该车辆的一次性功能性贬值。但在实际评估工作中，具体计算某车辆的复原重置成本是比较困难的，一般就用更新重置成本（即市场价）考虑其一次性功能贬值。

在实际评估时经常遇到的情况是：待评估的车辆其型号是现已停产或是国内自然淘汰的车型，这样就没有实际的市场价，只有采用参照物的价格，用类比法来估算。参照物一般采用替代型号的车辆，这些替代型号的车辆其功能通常比原车型有所改进和增加，故其价值通常会比原车型的价格要高（功能性贬值大时，也有价格降低的）。故在与参照物比较，用类比法对原车型进行价值评估时，一定要了解参照物在功能方面改进或提高的情况，再按其功能变化情况测定原车辆的价值，总的原则是被替代的旧型号车辆其价格应低于新型号的价格，这种价格有时相差很大。评估这类车辆的主要方法是设法取得该车型的市场现价或类似车型的市场现价。

（2）营运性功能贬值　营运性功能贬值是指由于技术进步，出现了新的、性能更优的车辆，致使原有车辆的功能相对新车型已经落后而引起的价值贬值。具体表现为原有车辆在完成相同工作任务的前提下，在燃料、人力、配件材料等方面的消耗增加，形成了一部分超额运营成本。

营运性功能贬值的测定步骤为：

1）选定参照物，并与参照物对比，找出营运成本有差别的内容和差别的量值。

2）确定原车辆尚可继续使用的年限。

3）查明应上缴的所得税率及当前的折现率。

4）通过计算超额收益或成本降低额，最后计算出营运性功能贬值。

4. 经济性贬值

经济性贬值是指由于外部经济环境变化所造成的车辆贬值。所谓外部经济环境，包括宏观经济政策、市场需求、通货膨胀、环境保护等。经济性贬值是由于外部环境而不是车辆本身或内部因素所引起的达不到原有设计的获利能力而造成的贬值。外界因素对车辆价值的影响不仅是客观存在的，而且对车辆价值影响还相当大，所以在二手车的评估中不可忽视。

二手车的经济性贬值通常与所有者或经营者有关，一般对单个二手车而言没有意义，因外部经济环境导致的营运成本上升和车辆闲置，对二手车本身价值影响不大。因此，对单个二手车进行评估时不考虑经济性贬值，这是由于二手车是否充分使用，在有形损耗的实际使用年限上给予了考虑。由于造成车辆经济性贬值的外部因素很多，并且造成贬值的程度也不尽相同。所以在评估时只能统筹考虑这些因素，而无法单独计算所造成的贬值。其评估的思考方法如下：

1）估算前提。车辆经济性贬值的估算主要以评估基准日以后是否停用、闲置或半闲置作为估算依据。

2）已封存或较长时间停用，且在近期内仍将闲置，但今后肯定要继续使用的车辆，按其可能闲置时间的长短及其资金成本估算其经济贬值。

3）根据市场供求关系估算其贬值。

5. 成新率

成新率是反映二手车新旧程度的指标。二手车成新率是表示二手车的功能或使用价值占全新机动车的功能或使用价值的比率，也可以理解为二手车的现时状态与机动车全新状态的比率。

机动车的有形损耗率与机动车的成新率的关系是：

$$C = 1 - \lambda$$

或

$$\lambda = 1 - C$$

式中　C——成新率；

　　　λ——有形损耗率。

在二手车鉴定估价的实践中，重置成本法是二手车价值评估的常选办法，要想较为准确地评估车辆的价值，成新率的确定是关键。成新率作为重置成本的一项重要指标，如何科学、准确地确定该项指标，是二手车评估中的重点和难点。因为成新率的确定不仅需要根据一定的客观资料和检查手段，而且在很大程度上依靠评估人员的学识和评估经验来进行判断。成新率应根据二手车的新旧程度、技术状况、价值高低等情况进行选择估算，成新率的估算主要使用年限法、行驶里程法、整车观测法和部件鉴定法等。

（1）使用年限法确定成新率　使用年限法确定成新率可以分为等速折旧法、年份数求和法和双倍余额递减法。其中，年份数求和法和双倍余额递减法是加速折旧的方法。

1）等速折旧法。采用等速折旧法估算二手车成新率的计算公式为

$$C_D = \left(1 - \frac{Y}{G}\right) \times 100\%$$

式中　C_D——等速折旧法成新率；

　　　G——规定使用年限，即机动车的使用寿命；

　　　Y——已使用年限，是指机动车从登记日期开始到评估基准日所经历的时间。

亮点展示

例：某辆轻型载货汽车已使用了 5 年，试用等速折旧法计算其成新率。

解析：根据机动车强制报废标准规定，轻型载货汽车规定的使用年限为 15 年，即 $G = 15$，$Y = 5$，其成新率为

$$C_D = \left(1 - \frac{Y}{G}\right) \times 100\% = \left(1 - \frac{5}{15}\right) \times 100\% = 66.7\%$$

答：该轻型载货汽车的成新率为 66.7%。

运用等速折旧法估算二手车成新率应注意：①使用年限是代表车辆运行或工作量的一种计量，这种计量以车辆的正常使用为前提，包括正常的使用时间和正常的使用强度。在实际评估过程中，应充分注意车辆实际已使用的时间，而不是简单的日历天数，同时也要考虑实际使用强度。②已使用年限不是指会计折旧中已计提折旧年限。规定使用年限也不是指会计折旧年限。③规定使用年限，即机动车的使用寿命，按机动车强制报废标准规定中的使用年限确定，对于无规定使用年限的汽车（如非营运的微型客车、小型客车、大型轿车），按15年计算。使用年限法确定成新率不适于超过15年的二手车，可采用行驶里程法确定成新率。④等速折旧法方法简单，容易操作，一般用于价值不高的二手车价格的评估。

2）年份数求和法。年份数求和法是指每年的折旧额可用车辆原值减去残值的差额乘一个逐年变化的递减系数来确定的一种方法。

用年份数求和法估算二手车成新率的计算公式为

$$C_\mathrm{F} = \left[1 - \frac{2}{G(G+1)} \sum_{n=1}^{Y} (G+1-n) \right] \times 100\%$$

式中　C_F——年份数求和法成新率。

对于不足一年的部分，应按十二分之几折算，不应化成月份。如3年零9个月，前3年按年计算，后9个月按第三年与第四年成新率之差的9/12计算。

例如，已使用 a 年 b 个月的计算公式为

$$C_{(a \cdot b)} = C_a - \frac{C_a - C_{a+1}}{12} \times b$$

二手车价值评估中通常不计算不足1个月的天数折旧。

亮点展示

例：某小型出租车，已使用了3年，试用年份数求和法计算其成新率。

解析：根据机动车强制报废标准规定，小型出租车的规定使用年限为8年，即 $G=8$，$Y=3$，其成新率为：

$$C_\mathrm{F} = \left[1 - \frac{2}{G(G+1)} \sum_{n=1}^{Y} (G+1-n) \right] \times 100\%$$

$$= \left[1 - \frac{2}{8 \times 9} \sum_{n=1}^{3} (8+1-n) \right] \times 100\% = 41.7\%$$

答：此小型出租车的成新率为41.7%。

3）双倍余额递减法。双倍余额递减法是指任何年的折旧额用现有车辆原值乘以在车辆整个寿命期内恒定的折旧率，接着用车辆原值减去该年折旧额作新的原值，下一年重复这一做法，直到折旧总额分摊完毕。在余额递减中所使用的折旧率，通常大于直线折旧率，当使用的折旧率为直线折旧率的两倍时，称为双倍余额递减法。

双倍余额递减法计算二手车成新率的计算公式如下：

$$C_S = \left[1 - \frac{2}{G} \sum_{n=1}^{Y} \left(1 - \frac{2}{G} \right)^{n-1} \right] \times 100\%$$

式中 C_S——双倍余额递减法成新率。

亮点展示

例：某小型出租车，已使用了 3 年，试用双倍余额递减法计算其成新率。

解析：根据机动车强制报废标准规定，小型出租车的规定使用年限为 8 年，即 $G = 8$，$Y = 3$，其成新率为

$$C_S = \left(1 - \frac{2}{8} \right)^3 \times 100\% = 42.19\%$$

答：此小型出租车的成新率为 42.19%。

现在市场环境中，汽车的实际折旧呈加速状态，所以加速折旧法（即年份数求和法和双倍余额递减法）得到广泛应用。

(2) 使用行驶里程法确定成新率 使用行驶里程法计算二手车成新率的计算公式如下：

$$C_x = \left(1 - \frac{L_1}{L_2} \right) \times 100\%$$

式中 C_x——行驶里程法成新率；
L_1——机动车累计行驶里程数（km）；
L_2——机动车报废标准规定的行程里程数（km）。

此公式使用的前提是车辆使用强度大，累计行驶里程数超过年平均行驶里程。

年平均行驶里程按下式计算：

$$L = \frac{L_2}{T}$$

式中 L——年平均行驶里程（km/年）；
L_2——机动车报废标准规定的行驶里程数（km）；
T——机动车报废标准规定的使用年数（年）。

✳✳

小知识

根据机动车强制报废标准规定，达到下列行驶里程的机动车，要引导报废：

1）小、微型出租客运汽车行驶 60 万 km，中型出租客运汽车行驶 50 万 km，大型出租客运汽车行驶 60 万 km。

2）租赁载客汽车行驶 60 万 km。

3）小型和中型教练载客汽车行驶 50 万 km，大型教练载客汽车行驶 60 万 km。

4）公交客运汽车行驶 40 万 km。

5）其他小、微型营运载客汽车行驶 60 万 km，中型营运载客汽车行驶 50 万 km，大型营运载客汽车行驶 80 万 km。

6）专用校车行驶 40 万 km。

7）小、微型非营运载客汽车和大型非营运轿车行驶60万km，中型非营运载客汽车行驶50万km，大型非营运载客汽车行驶60万km。

8）微型载货汽车行驶50万km，中、轻型载货汽车行驶60万km，重型载货汽车（包括半挂牵引车和全挂牵引车）行驶70万km，危险品运输载货汽车行驶40万km，装用多缸发动机的低速货车行驶30万km。

9）专项作业车、轮式专用机械车行驶50万km。

10）正三轮摩托车行驶10万km，其他摩托车行驶12万km。

在实际使用过程中，各种因素会导致行驶里程数被更改。因此在评估过程中，评估人员必须能够准确地识别里程数是否被更改，否则，评估结果可能会有错误。

亮点展示

例：某私用凯越乘用车，已行驶了15万km，试用行驶里程法确定成新率。

解析：根据机动车强制报废标准规定，小、微型非营运载客汽车的规定行驶里程为60万km，即 $L_1 = 15$，$L_2 = 60$，其成新率为

$$C_x = \left(1 - \frac{L_1}{L_2}\right) \times 100\% = \left(1 - \frac{15}{60}\right) \times 100\% = 75\%$$

答：此凯越乘用车的成新率为75%。

最近几年我国各类汽车年平均行驶里程见表4-1（供参考）。

表4-1 我国各类汽车年平均行驶里程

汽车类别	年平均行驶里程/万km
微型、轻型货车	3～5
中型、重型货车	6～10
私家车	1～3
行政、商务用车	3～6
出租车	10～15
租赁车	5～8
旅游车	6～10
中、低档长途客运车	8～12
高档长途客运车	15～25

（3）使用技术鉴定法确定成新率 技术鉴定法是指二手车鉴定评估师在对二手车进行技术观察和技术检查的基础上，判定二手车的技术状况，再以评分来确定成新率的一种方法。

根据GB/T 30323—2013《二手车鉴定评估技术规范》，技术鉴定法由车身外观部位、发动机舱检查、车舱检查、发动机起动检查、车辆路试检查、底盘检查、功能性零部件检查七个项目构成，其中功能性零部件检查不计分值。技术鉴定法成新率（C_j）计算公式为

$$C_j = \frac{K_w + K_f + K_j + K_q + K_l + K_d}{100} \times 100\%$$

式中　K_w——车身外观部位检查的分值；

$\quad\quad K_f$——发动机舱检查的分值；

$\quad\quad K_j$——车舱检查的分值；

$\quad\quad K_q$——发动机起动检查的分值；

$\quad\quad K_l$——车辆路试检查的分值；

$\quad\quad K_d$——底盘检查的分值。

亮点展示

例：某 2012 款家用蒙迪欧乘用车，已行驶了 6 万 km，试用技术鉴定法确定成新率。

解析：按照二手车鉴定评估技术规范的规定，分别对蒙迪欧乘用车进行车身外观部位检查、发动机舱检查、车舱检查、发动机起动检查、车辆路试检查、底盘检查、功能性零部件检查七个项目的技术状况进行鉴定，得到相应的分值为：车身外观部位检查的分值（K_w）为 14 分；发动机舱检查的分值（K_f）为 16 分；车舱检查的分值（K_j）为 8 分；发动机起动检查的分值（K_q）为 15 分；车辆路试检查的分值（K_l）为 12 分；底盘检查的分值（K_d）为 11 分。功能性零部件检查结果为各部件结构完整、功能正常。

该蒙迪欧乘用车的成新率为

$$C_j = \frac{K_w + K_f + K_j + K_q + K_l + K_d}{100} \times 100\%$$

$$= \frac{14 + 16 + 8 + 15 + 12 + 11}{100} \times 100\% = 76\%$$

答：该蒙迪欧乘用车的成新率为 76%。

（4）使用整车观测法确定成新率　整车观测法是指二手车鉴定评估师凭职业经验，靠感觉（视觉、听觉、触觉）或借助检查工具，对鉴定车辆的状态和损耗程度进行职业判断、分级，以确定成新率的一种方法。家用轿车不同技术状况对应的成新率参见表 4-2。

表 4-2　家用轿车不同技术状况对应的成新率

车辆等级	车况定义	技术状况描述	成新率（%）
1	很新	登记后≤1 年，行驶里程≤2 万 km，没有缺陷，没有修理和买卖的经历	95
			90
2	很好	登记后≤3 年，行驶里程≤6 万 km，轻微不明显的损伤，漆面、车身和内部仅有小的瑕疵，没有机械问题，无须更换部件或进行任何修理，无不良记录	85
			80
			75
3	良好	登记后≤5 年，行驶里程≤10 万 km，重新油漆的痕迹是好的，机械部分及易损件已更换，在用状态良好，故障率低，可随时出车使用	70
			65
			60
			55
4	一般	行驶里程≤16 万 km，有一些机械方面的明显缺陷，需要进行某些修理或换一些易损部件，可以随时出车，但动力性下降，油耗增加	50
			45
			40
			35

（续）

车辆等级	车况定义	技术状况描述	成新率（%）
5	尚可使用	处于运行状态的旧车，油漆灰暗，锈蚀严重，有多处明显的机械缺陷，可能存在不容易修复的问题，需要较多的维修换件，可靠性很差，使用成本增加	30 25 20 15
6	待报废处理	基本到达或已到达使用年限，通过《机动车安全技术条件》检查，能使用但不能正常使用，动力性、经济性、可靠性下降，燃料费、维修费、大修费用增长速度快，车辆效益与支出基本持平、甚至下降，排放污染和噪声污染达到极限	10 6 4
7	报废	使用年限已达到报废期，只有基本材料的回收价值	2 0

（5）使用部件鉴定法确定成新率　部件鉴定法是在确定二手车各组成部分技术状况的基础上，按其组成部分对整车的重要性和价值量的大小来加权评分，最后确定二手车成新率的一种方法。

采用部件鉴定法估算二手车成新率的计算公式如下：

$$C_\mathrm{B} = \sum_{i=1}^{n} \Delta_i \beta_i$$

式中　C_B——部件鉴定法成新率；

　　　Δ_i——二手车第 i 项部件的成新率；

　　　β_i——二手车第 i 项部件价值权重。

＊＊＊＊＊＊＊＊＊＊＊＊＊＊＊＊＊＊＊＊＊＊＊＊＊＊＊＊＊＊＊＊＊＊＊＊＊＊＊

小知识

部件鉴定法的基本步骤如下：

1）先将车辆分成表4-3所述几个部分的总成部件，再根据各总成部件的建造成本、车辆建造成本的比重，按一定百分比确定权重。

表4-3　机动车总成部件价值权重分配

总成名称	权重（%）		
	轿车	客车	货车
发动机及离合器	25	28	25
变速器及传动轴总成	12	10	15
前桥及转向器前悬总成	9	10	15
后桥及后悬总成	9	10	15
制动系统	6	5	5
车架总成	0	5	6
车身总成	28	22	9
电气仪表系统	7	6	5
轮胎	4	4	5

※ ※

2）以全新车辆对应的功能标准为满分100分，其功能完全丧失为0分，再根据各总成、部件的技术状况估算各总成部件的成新率。

3）将各总成部件的成新率与权重相乘，即得到各总成部件的权重成新率。

4）最后将各总成部件权重成新率相加，即得到被评估车辆的成新率。

※ ※

由于在不同种类、档次的车辆上，各组成部分对整车的重要性及其价值占整车的比重各不相同，有些类型车辆之间相差还很大，因此，表4-3只能供评估师参考，不可作为唯一标准。在实际评估时，应根据车辆各部分价值量占整车价值的比重，调整各部分的权重。

用部件鉴定法计算加权成新率时，部件成新率的取值一般不能超过采用公式计算得出的整车的成新率。同时车辆各组成部分权重难以掌握，特别是各车型及各种品牌，其车辆各组成部分权重也是不同的，因此比较费时费力，但其评估值更接近客观实际，可信度高。这种方法一般用于价值较高的二手车评估。

6. 综合调整系数

采用年限法和行驶里程法计算成新率时，还应考虑二手车的技术状况对成新率的影响。影响二手车成新率的主要因素有车辆技术状况、使用和维护状态、原始制造质量、工作性质、工作条件五方面。为此，综合调整系数由五方面构成，这五方面因素的影响权重是不同的，根据经验分别取为30%、25%、20%、15%和10%，综合调整系数的计算公式如下：

$$K = K_1 \times 30\% + K_2 \times 25\% + K_3 \times 20\% + K_4 \times 15\% + K_5 \times 10\%$$

式中　K_1——车辆技术状况调整系数；

　　　K_2——车辆使用和维护状态调整系数；

　　　K_3——车辆原始制造质量调整系数；

　　　K_4——车辆工作性质调整系数；

　　　K_5——车辆工作条件调整系数。

（1）车辆技术状况调整系数 K_1　车辆技术状况调整系数是在对车辆技术状况鉴定的基础上对车辆进行的分级，然后取调整系数来修正车辆的成新率。车辆技术状况系数取值范围为0.6~1.0，技术状况好的取上限，反之取下限。

（2）车辆使用和维护状态调整系数 K_2　该系数反映使用者对车辆使用、维护的水平，不同的使用者，对车辆使用、维护的实际执行情况差别较大，因而直接影响到车辆的使用寿命和成新率。车辆使用和维护状态调整系数取值范围为0.7~1.0。

（3）车辆原始制造质量调整系数 K_3　确定该系数时，应了解车辆是国产车还是进口车，是进口车的还需了解是否是名牌车以及进口国别，是国产车的应了解是名牌产品还是一般产品。对依法没收领取牌证的走私车辆，其原始制造质量系数建议视同国产名牌产品考虑。原始制造质量系数取值范围为0.7~1.0。

（4）车辆工作性质调整系数 K_4　车辆工作性质不同，其繁忙程度不同，使用强度也不同。可把车辆工作性质分为私人工作和生活用车，机关企事业单位的公务和商务用车，从事旅客、货运、城市出租的营运用车。以普通小轿车为例，一般来说，私人工作和生活用车每年最多行驶约2.5万km；公务、商务用车每年不超过4万km；而营运出租车每年行驶有些高达12万km，甚至更多。可见工作性质不同，其使用强度差异不同。车辆工作性质系数取值范围为 0.5~1.0。

（5）车辆工作条件调整系数 K_5。 我国地域辽阔，各地自然条件差别很大，车辆的工作条件对其成新率影响很大。车辆工作条件可分道路条件和特殊使用条件。

1）道路条件可分为好路、中等路和差路三类。好路是指国家道路等级中的高速公路、一、二、三级道路，好路率在 50% 以上；中等路是指符合国家道路等级中的四级道路，好路率在 30%~50%；差路是指国家等级以外的路，好路率在 30% 以下。

2）特殊使用条件主要指特殊自然条件，包括寒冷、沿海、风沙、山区等地区。

根据上述工作条件可适当取值，车辆长期在道路条件为好路和中等路的道路上行驶时，工作条件系数分别取 1 和 0.8；车辆长期在差路或特殊使用条件下工作，其系数取 0.6。

各调整系数的选取方法及其权重分配参见表 4-4。

表4-4　各调整系数的选取方法及其权重分配

影 响 因 素	因 素 分 级	调 整 系 数	权重（%）
车辆技术状况	好	1.0	30
	较好	0.9	
	一般	0.8	
	较差	0.7	
	差	0.6	
使用和维护状态	好	1.0	25
	较好	0.9	
	一般	0.8	
	较差	0.7	
原始制造质量	进口车	1.0	20
	国产名牌车	0.9	
	进口非名牌车	0.8	
	走私罚没车、国产非名牌车	0.7	
工作性质	私用	1.0	15
	公务、商用	0.7	
	营运	0.5	
工作条件	较好	1.0	10
	一般	0.8	
	较差	0.6	

从上述影响因素中可以看出，各影响因素关联性较大。一般来说，其中某一影响因素加强时，其他项影响因素也随之加强；反之则减弱。影响因素作用加强时，对其综合调整系数不要因影响作用加强而随之无限加大，一般综合调整系数取值不要超过 1.0。

7. 二手车变现系数

对二手车进行价值评估时，还应充分考虑市场微观经济环境和政府宏观政策对车辆变现能力的影响，即需考虑二手车的变现系数。

可按表 4-5 选取轿车变现系数，也可以选用中国汽车流通协会定期发布的二手车变现系数参数参考值。

表4-5	轿车变现系数								
已使用时间/月	1~6	7~12	13~18	19~24	25~30	31~36	37~42	43~48	49~54	55~60
变现系数	0.80	0.84	0.86	0.88	0.90	0.92	0.94	0.96	0.98	1.00

注：采用年限法中的加速折旧法求成新率时，此表不适用。

由于二手车变现系数的影响因素很多，估计难度较大，一般在二手车价值评估中省略。

二、重置成本法运用流程

1. 计算步骤

扫一扫

使用重置成本法
评估车辆价格

（1）确定重置成本　重置成本是被评估车辆在评估基准日时的全新车辆价格（包括上牌的各种税费），一般是通过市场询价而取得。市场询价就是从新车生产厂家、经销商、各种媒体上取得，它是评估的第一步。价格资料、技术资料的准确与否直接关系到评估结论是否正确。

（2）确定二手车成新率　确定二手车成新率是重置成本法运用中的难点，鉴定评估师在现场勘察的基础上，要认真填好评估勘察作业表格，记录鉴定车况，确定成新率。在此基础上综合分析品牌因素、市场热销程度、市场占有率情况、车龄、地区差异、车辆档次和政府的宏观政策对车辆的变现能力的影响，计算二手车变现系数以确定综合成新率。

（3）确定综合调整系数　采用使用年限法和行驶里程法估算二手车成新率，应根据对二手车技术状况的鉴定，确定其各个调整系数，再考虑其对应的权重，确定综合调整系数。

（4）计算评估值　适当选用重置成本法的计算模型来计算评估值。

2. 计算实例

亮点展示

例：某人于2009年10月共花13万元购得一辆自动豪华型2008款桑塔纳3000轿车，发动机排量为2.0L家庭自用，并于当月登记注册，2015年7月在上海交易。该车未发现有重大事故痕迹，但车外表有多处轻微事故痕迹，需修理与喷漆，费用约需0.1万元。该车维护保养一般，路试车况较好，行驶里程为6万km。试用重置成本法（双倍余额递减法）计算评估值。

解析：

（1）确定重置成本　根据市场咨询，2015年7月上海市场上，同型号同款轿车的纯车价是12.48万元。其重置成本为

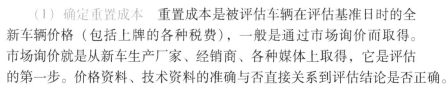

$$B = 12.48 + \frac{12.48}{1.17} \times 10\% = 13.55 \text{（万元）}$$

（2）确定成新率　该车规定使用年限无法律规定，但一般可按乘用车的设计寿命15年为规定使用年限，即$G=15$，已使用年限$Y=6$，根据双余额递减法，其成新率为

$$C_S = \left[1 - \frac{2}{G} \sum_{n=1}^{Y} \left(1 - \frac{2}{G} \right)^{n-1} \right] \times 100\%$$

$$= \left\{ 1 - \frac{2}{15} \left[\left(1 - \frac{2}{15} \right)^{1-1} + \left(1 - \frac{2}{15} \right)^{2-1} + \left(1 - \frac{2}{15} \right)^{3-1} + \left(1 - \frac{2}{15} \right)^{4-1} + \right. \right.$$

$$\left. \left. \left(1 - \frac{2}{15} \right)^{5-1} + \left(1 - \frac{2}{15} \right)^{6-1} \right] \right\} \times 100\%$$

$$= 42.38\%$$

（3）计算综合调整系数　因为车况较好，车辆技术状况调整系数 $K_1 = 0.9$；维护保养一般，使用与维护状态调整系数 $K_2 = 0.8$；桑塔纳车为国产名牌车，考虑地域因素，原始制造质量调整系数 $K_3 = 0.9$；工作性质为私用，年平均行驶里程为 2 万 km，工作性质调整系数 $K_4 = 1.0$；该车主要在市内使用，工作条件调整系数 $K_5 = 1.0$。

则综合调整系数为：

$$K = K_1 \times 30\% + K_2 \times 25\% + K_3 \times 20\% + K_4 \times 15\% + K_5 \times 10\%$$

$$= 0.9 \times 30\% + 0.8 \times 25\% + 0.9 \times 20\% + 1.0 \times 15\% + 1.0 \times 10\%$$

$$= 0.9$$

（4）计算评估值

$$P = B \times C_S \times K = 13.55 \times 42.38\% \times 0.9 = 5.17（万元）$$

去掉修理与做漆费用 0.1 万元，则最终评估值为 5.07 万元。

答：该轿车的评估值为 5.07 万元。

💡 **小提示**

注意事项

1）运用重置成本法计算时，应明确估价时间点即估价基准日，重置成本的选取应是基准日时的重置成本，而不一定是估价作业日期的重置成本。因为估价基准日和估价作业日期往往不一致，即估价基准日和作业日期可能是一致的，也可能在估价作业日期之前或之后。同样，规定使用年限是估价基准日时的国家标准规定的年限，而不一定是作业日期国家标准规定的年限。

2）运用重置成本法计算时，车辆的生产期或出产日期、车辆的购买日期、车辆初次登记的上牌日期，这几个日期往往相近，在有些情况下，车辆的出产日期和车辆的初次登记日期相差较大，即车辆出产后三到五年才登记上牌，甚至更长，而一般采用的是以车辆的初次登记日期为计算起点，因此，在估算成新率时，往往估算较高，应引起鉴定评估师的高度注意。

3）评估人员应严格区分不同性质的车辆，严格按照汽车报废标准执行，不能将规定使用年限搞混。特别是要区分营运车辆和非营运车辆，只要评估车辆做过一天营运车辆，也要按营运车辆计算。同时，要搞清营运车辆的概念，对政策界限比较模糊的车辆，如租赁车辆、驾校用的车辆等，应及时查清车辆在公安交管部门上牌的底档资料，确定其性质，分清使用年限。

4）在评估的现场勘察阶段中，特别是对年份较早的进口车辆，其出厂年份可以从车辆识别代码推算出来。任何车辆只要找出车辆识别代码中第十位代码，便可推算出汽车的出产年份。第十位代码对二手车鉴定评估十分重要，它表示该车在某年生产出厂，正常情况下也就是该车从某年开始使用。

5）运用重置成本法计算的缺点是工作量较大，且经济性贬值也不易准确计算。前几年，二手车交易市场对于车辆的交易过户，一般采用重置成本法，其与国外流行的市场比较法相比有明显的缺点，由于没有考虑各种贬值，特别是难以确定的功能性贬值和经济性贬值，因此造成评估价格普遍较高，尤其是对用了 1~3 年品牌知名度不是很高的车辆，或品牌知名度虽较高但市场占有率较小的车辆以及特种车辆（运钞车、油罐车、吊车等）更是如此。另外，就是一部分大货车、大客车等，其评估值往往高于市场成交价很多，不符合市场经济规律，也一定程度上将评估带入歧途，不利于行业的发展。为了解决这个问题，可引入变现系数或市场波动系数概念。

6）市场变现系数是对重置成本法评估结论的修正完善，考虑经济性贬值，将其修正到较为符合市场价格的结论，应综合考虑其品牌因素、供求关系、地区差异、车辆档次以及车型状况（主要是配件供应情况）、车辆耗油量及排放品质等综合因素而定。这取决于鉴定评估师对市场价格的把握能力，是一个十分复杂的综合分析过程。变现系数可以小于 1.0，也可以大于 1.0，应视上述情况综合分析。一般采用加速折旧法计算成新率时，不再考虑市场变现系数。

任务二　用现行市价法评估二手车价值

任务描述

车辆经过静态检查、动态检查后，根据车辆技术状况鉴定结果和鉴定目的，二手车鉴定评估师需运用相应的评估方法对车辆价值进行评估。

任务分析

通过使用相应评估方法对车辆价值进行评估，计算出车辆价值。

学习目标

1. 掌握现行市价法的基本原理。
2. 熟悉现行市价法的应用前提。
3. 能够运用现行市价法计算二手车评估价值。

建议学时

2 学时。

 **相关知识**

一、现行市价法的基本内容

1. 现行市价法的定义

现行市价法又称市价法、市场价格比较法和销售对比法，是指通过比较被评估车辆与最近出售类似车辆的异同，并将类似车辆的异同、市场价格进行调整，从而确定被评估车辆价值的一种评估方法。

2. 现行市价法的基本原理

通过市场调研，选择一个或几个与被评估车辆相同或类似的车辆作为参照车辆，分析参照车辆原有结构、配置、功能、性能、新旧程度、地区差别、交易条件及成交价格等，并与被评估车辆一一对照比较，找出两者的差别及差别反映在价格上的差额，经过调整，计算出二手车的评估价格。

现行市价法是最直接、最简单的一种评估方法，也是二手车价格评估最常用方法之一。

3. 现行市价法的应用前提

1）有一个成熟的、活跃的、公平的二手车交易市场。在这个市场上有众多的卖者和买者，有充分的参照车辆可取，这样可以排除交易的偶然性。市场成交的二手车价格可以准确反映市场行情，这样，评估结果更加公平、公正，易于为双方接受。

2）评估中参照的二手车与被评估的二手车有可比较指标，并且这些可比较的指标技术参数的资料是可收集到的，价值影响因素明确，可以量化。

4. 现行市价法的计算模型

（1）**直接法** 是指在市场上能找到与被评估车辆完全相同的车辆的现行市价，并依其价格直接作为被评估车辆评估价格的一种方法。所谓完全相同是指车辆型号、使用条件和技术状况相同，生产和交易时间相近。通常如果参照车辆与被评估车辆类别相同、主参数相同、结构性能相同，只是生产序号不同并只作局部改动，交易时间相近的车辆，可作为评估过程中的参照车辆。其评估值是按参照车辆的市场价格直接来确定被评估车辆的价值。评估公式为

$$P = P'$$

式中　P——评估值；

　　　P'——参照车辆的市场价格。

（2）**类比法** 是指评估车辆时，在公开市场上找不到与之完全相同但能找到与之相类似的车辆时，以此为参照车辆，并根据车辆技术状况和交易条件的差异对价格做出相应调整，进而确定被评估车辆价值的评估方法。其基本计算公式为

$$P = P' + P_1 - P_2 \text{ 或 } P = P' \times K$$

式中　P——评估值；

　　　P'——参照车辆的市场价格；

　　　P_1——评估对象比参照车辆优异的价格差额；

　　　P_2——参照车辆比评估对象优异的价格差额；

　　　K——差异调整系数。

二、现行市价法运用流程

1. 评估步骤

(1) 搜集交易实例运用类比法评估 应准确搜集大量交易实例，
掌握正常市场价格行情。搜集的交易实例应包括车辆型号、制造厂
家、使用性质、使用年限、行驶里程、实际技术状况、经济环境和市
场环境、车辆所处的地理位置、成交数量、成交价格、成交日期、付款方式等内容。

使用现行市价法
评估车辆价格

(2) 选取参照车辆 根据被评估车辆状况和评估目的，应从大量的交易实例中选取三
个以上的参照车辆。选取的参照车辆应符合下列要求：

1) 是被评估车辆型号相同或类似车辆。

2) 成交日期与评估时点相近、不宜超过3个月。

3) 成交价格为正常价格或可修正为正常价格。

(3) 进行交易情况修正 排除交易行为中的特殊因素所造成的参照车辆成交价格偏差，
将参照车辆的成交价格调整为正常价格。

> 💡 **小提示**
>
> 有下列情形之一的交易实例不宜选为参照车辆：
>
> 有利害关系人之间的交易；急于出售或购买情况下的交易；受债权债务关系影响的
> 交易；交易双方或一方对市场行情缺乏了解的交易；交易双方或一方有特殊偏好的交易；
> 特殊方式的交易；交易税费非正常负担的交易；其他非正常的交易。
>
> 当可供选择的交易实例较少，确需选用上述情形的交易实例，应对其进行交易情况
> 修正。对交易税费非正常负担的修正，应将成交价格调整为依照政府有关规定，交易双
> 方负担各自应负担的税费下的价格。

(4) 进行交易日期修正 指将参照车辆在其成交日期时的价格调整为评估时点的价格。
交易日期修正宜采用类似车型的价格变动率或指数进行调整。在无类似车型的价格变动率或
指数的情况下，可根据当地二手车价格的变动情况和趋势做出判断，给予调整。

(5) 进行地区因素修正 指将参照车辆在其他区域市场的价格调整为被评估车辆所在
地区的区域价格。

(6) 进行个别因素修正 指将参照车辆与被评估车辆的个别因素逐项进行比较，找出
由于个别因素优劣所造成的价格差异，进行调整。

交易情况、交易日期、地区因素和个别因素的修正，视具体情况可采用百分率法、差
异法或回归分析法。每项修正对参照车辆成交价格的调整不得超过10%，综合调整不得
超过20%。选取的多个参照车辆的价格经过上述各种修正之后，应根据具体情况计算出
一个综合结果，作为评估值。市价法的原理和技术，也可用于其他评估方法中有关参数
的求取。

用现行市价法评估应该说已包含了该车辆的各种贬值因素，包括有形损耗的贬值、功能
性贬值和经济性贬值，这是因为市场价格是车辆的各种因素的综合反映。

2. 计算实例

▶ 亮点展示

例：现在要评估一辆轿车，二手车市场上获得的市场参照物的品牌型号、购置年月、行驶里程、整车的技术状况基本相同。区别在于：

1）参照物的左后组合灯损坏需更换，费用约 220 元。

2）被评估轿车改装了一套 DVD 音响，价值为 5000 元。

参照物的市场交易价为 225000 元，试计算被评估轿车的价值。

解析：被评估轿车的价值为 $P = P' = 225000 + 220 + 5000 = 230220$ 元。

答：被评估轿车的价值为 230220 元。

例：某桑塔纳 2000 轿车及参照物的技术经济参数见表 4-6，试运用现行市价法中的类比法对该车进行评估。

表 4-6 桑塔纳 2000 轿车及参照物的技术经济参数

序号	技术经济参数	参照物 I	参照物 II	参照物 III	被评估轿车
1	车辆型号	桑塔纳 2000 电喷 GLI	桑塔纳 2000 时代超人 GSI	桑塔纳 2000 时代超人 GSI	桑塔纳 2000 时代超人 GSI
2	销售条件	公开市场	公开市场	公开市场	公开市场
3	交易时间	2008 年 10 月	2008 年 9 月	2008 年 11 月	2008 年 10 月
4	使用年限	15	15	15	15
5	初次登记年月	2003 年 4 月	2004 年 5 月	2004 年 7 月	2004 年 6 月
6	已使用时间	54 个月	52 个月	52 个月	52 个月
7	成新率	70%	72%	73%	73%
8	交易数量	1	1	1	1
9	付款方式	现款	现款	现款	现款
10	地点	南京	南京	南京	南京
11	物价指数	0.97	0.98	0.96	0.97
12	价格/万元	9.2	10.7	10.8	求评估值

评估步骤如下：

（1）以参照物 I 为参照对象作各项差异量化和调整

1）结构性能差异量化与调整：参照物 I 为老式车型，被评估车辆为新式车型，评估基准日该项结构差异为 0.3 万元。参照物 I 发动机为 AFE 电喷发动机，有分电盘，进、排气管在气缸同侧排列，与被评估车辆相比，还相差 ABS，该项结构调整为 0.8 万元，该项调整值为 $(0.8 + 0.3) \times 73\% \approx 0.8$(万元)。

2）销售时间差异量化与调整：$0.97 \div 0.97 = 1$。

3）新旧程度差异量化与调整：$9.2 \times (73\% - 70\%) = 0.276$(万元)。

4）销售数量差异量化与调整：无差异，不调整。

5）付款方式差异量化与调整：无差异，不调整。

$$评估值 = (9.2 + 0.8 + 0.276) \times 1 = 10.276(万元)$$

（2）以参照物Ⅱ为参照对象作各项差异量化和调整

1）结构性能差异量化与调整：参照物Ⅱ与被评估车辆结构完全一样，不调整。

2）销售时间量化差异与调整：$0.97 \div 0.98 = 0.99$。

3）新旧程度差异量化与调整：$10.7 \times (73\% - 72\%) = 0.107(万元)$。

4）销售数量差异量化与调整：无差异，不调整。

5）付款方式差异量化与调整：无差异，不调整。

$$评估值 = (10.7 + 0.107) \times 99\% = 10.699(万元)$$

（3）以参照物Ⅲ为参照对象作各项量化和调整

1）结构性能差异量化与调整：参照物Ⅲ与被评估车辆结构完全一样，不调整。

2）销售时间量化差异与调整：$0.97 \div 0.96 = 1.01$

3）新旧程度差异量化与调整：成新率一样，不调整。

4）销售数量差异量化与调整：无差异，不调整。

5）付款方式差异量化与调整：无差异，不调整。

$$评估值 = 10.8 \times 1.01 = 10.908(万元)$$

综合参照物Ⅰ、参照物Ⅱ和参照物Ⅲ，被评估轿车的评估值为：

$$\frac{10.276 + 10.699 + 10.908}{3} = 10.628 \ (万元)$$

答：该桑塔纳 2000 轿车的评估值为 10.628 万元。

任务三　用收益现值法评估二手车价值

 任务描述

车辆经过静态检查、动态检查后，根据车辆技术状况鉴定结果和鉴定目的，二手车鉴定评估师需运用收益现值法对车辆价值进行评估。

 任务分析

通过使用收益现值法对车辆价值进行评估，计算出车辆价值。

 学习目标

1. 掌握收益现值法的基本原理。

2. 能够运用收益现值法计算公式对二手车进行价值评估。

 建议学时

＜1 学时。

 **相关知识**

一、收益现值法的基本内容

1. 收益现值法的定义

收益现值法是通过估算被评估二手车在剩余寿命期内的预期收益，并折现为评估基准日的现值，借此来确定二手车价值的一种评估方法。鉴定评估被评估车辆在未来的预期收益，按一定的折现率折算成现值，从而确定被评估车辆的价格。

2. 收益现值法应用的前提

1）被评估二手车必须是经营性车辆，且具有继续经营和获利的能力。

2）继续经营的预期收益可以预测而且必须能够用货币金额来表示。

3）二手车购买者获得预期收益所承担的风险也可以预测，并可以用货币衡量。

4）被评估二手车预期获利年限可以预测。

3. 收益现值法的优缺点

（1）收益现值法的优点　与投资决策相结合，容易被交易双方接受；能真实和较准确地反映车辆本金化的价格。

（2）收益现值法的缺点　预期收益额和折现率以及风险报酬率的预测难度大；受主观判断和未来不可预见因素的影响较大。

4. 收益现值法的计算模型

收益现值法的计算，实际就是对被评估车辆的未来的预期收益进行折现的过程。

$$P = \sum_{t=1}^{n} \frac{A_t}{(1+i)^t}$$

将上式展开后得

$$P = \frac{A_1}{1+i} + \frac{A_2}{(1+i)^2} + \frac{A_3}{(1+i)^3} + \cdots + \frac{A_n}{(1+i)^n}$$

当 $A_1 = A_2 = A_3 = \cdots = A_n = A$ 时，即 t 从 1~n 未来收益分别同为 A 时，则有：

$$P = A \times \left[\frac{1}{1+i} + \frac{1}{(1+i)^2} + \frac{1}{(1+i)^3} + \cdots + \frac{1}{(1+i)^n} \right]$$

$$= A \times \frac{(1+i)^n - 1}{i \times (1+i)^n}$$

式中　P——被评估车辆的评估值（现值）；

　　　　A_t——未来第 t 个收益期的预期收益额，或称年金（以一年为一个收益期）；

　　　　n——收益年期（剩余经济寿命的年限）；

　　　　i——折现率；

　　　　t——收益期数。

其中 $\frac{1}{(1+i)^t}$ 称为现值系数；$\frac{(1+i)^n - 1}{i(1+i)^n}$ 称为年金现值系数。

（1）收益年期 n 的确定　收益年期指从评估基准日到车辆到达报废年限所剩余的使用寿命。

（2）预期收益额的确定　收益额是指二手车在正常情况下所能得到的归其产权主体的所得额。

计算时常取企业所得税后利润。

$$收益额＝税前收入－应交所得税＝税前收入×（1－所得税率）$$

$$税前收入＝一年的毛收入－车辆使用的各种税费和人员劳务费等$$

（3）折现率的确定　折现率是一种期望投资报酬率，由无风险利率、风险报酬率和通货膨胀率三部分组成。无风险利率一般是指同期国库券利率；风险报酬率不容易计算，只要求选择的收益率中包含这一因素即可。每个行业、每个企业都有具体的资金收益率。

按照时间优先的理论：将来的收益或利益低于现在的同样收益或利益，即投资具有机会成本。

$$折现率＝无风险报酬率＋风险报酬率$$

二、收益现值法运用流程

1. 收益现值法评估的程序

1）收集并验证与评估对象未来预期收益有关的数据资料，包括营运车辆的经营行情、经营前景、营运车辆的消费结构以及经营风险等。

2）充分了解被评估车辆的技术状况。

3）确定预测预期收益、折现率等评估参数。

4）将预期收益折现处理，确定二手车评估值。

5）分析确定评估结果。

2. 评估实例

亮点展示

例：某人拟购一辆桑塔纳普通型出租车，作为个体出租车经营使用，该车各项数据和情况见表4-7。

表4-7　桑塔纳普通型出租车各项数据情况

1. 评估基准日	2015 年 12 月 15 日
2. 初次登记年月	2011 年 12 月
3. 技术状况	正常
4. 每年营运天数	350 天
5. 每天毛收入	700 元
6. 日营业所得税	100 元
7. 每天油费	200 元
8. 每年日常维修、保养费	10000 元
9. 每年保险及各项规费	12000 元
10. 营运证使用费	18000 元
11. 驾驶人劳务、保险费	80000 元

试用收益现值法评估此桑塔纳出租车的价值。

解析：

预计年支出：	$350 \times 700 = 245000$（元）
税费：	$350 \times 100 = 35000$（元）
油费：	$350 \times 200 = 70000$（元）
维修、保养费：	6000（元）
保险及规费：	12000（元）
营运证使用费：	18000（元）
驾驶人劳务、保险费：	80000（元）

预计年收入为：$24.5 - 3.5 - 7 - 0.6 - 1.2 - 1.8 - 8 = 2.4$（万元）

根据目前银行储蓄和贷款利率、债券、行业收益等情况，确定资金预期收益率为 10%，风险报酬率为 5%，则折现率为 $10\% + 5\% = 15\%$。

该出租车使用 4 年，其规定使用年限为 8 年，则该车剩余使用年限为 4 年，假定每年的年收入相同，根据收益现值法的计算模型，可得该车的评估值为

$$P = A \times \frac{(1+i)^n - 1}{i(1+i)^n}$$

$$= 2.4 \times \frac{(1 + 15\%)^4 - 1}{15\% \times (1 + 15\%)^4}$$

$$= 6.86（万元）$$

任务四　用清算价格法评估二手车价值

任务描述

车辆经过静态检查、动态检查后，根据车辆技术状况鉴定结果和鉴定目的，二手车鉴定评估师需运用清算价格法对车辆价值进行评估。

任务分析

通过使用清算价格法对车辆价值进行评估，计算出车辆价值。

学习目标

1. 掌握清算价格法的原理、应用前提和使用范围。
2. 能够运用清算价格法对二手车进行价值评估。

建议学时

<1 学时。

 **相关知识**

一、清算价格法的基本内容

1. 清算价格法的定义

清算价格法是以清算价格为标准，对二手车进行的价格评估。所谓清算价格，是指企业由于破产或其他原因，要求在一定的期限内将车辆变现，在企业清算之日预期出卖车辆可收回的快速变现价格。清算价格法主要根据二手车技术状况，运用现行市价法估算其正常价值，再根据处置情况和变现要求，乘以一个折扣率，最后确定评估价格。

清算价格法在原理上基本与现行市价法相同，不同的是迫于停业或破产，清算价格往往大大低于现行市场价格。这是由于企业被迫停业或破产，急于将车辆拍卖、出售。因此，从严格意义上讲，清算价格法不能算为一种基本的评估方法，只能算是现行市价法、重置成本法、收益现值法的具体运用。

2. 清算价格法的适用范围

（1）企业破产　企业破产是指当企业成个人因经营不善造成严重亏损，资不抵债时，企业应依法宣告破产，法院以其全部财产依法清偿其所欠的债务，不足部分不再清偿。

（2）抵押　抵押是指企业或个人为了进行融资，以自己特定的财产为担保向对方保证履行合同义务的担保形式。提供财产的一方为抵押人，接受抵押财产的一方为抵押权人。抵押人不履行合同时，抵押权人有权利将抵押财产在法律允许的范围内变卖，从变卖抵押物价款中优先获得赔偿。

（3）清理　清理是指企业由于经营不善导致严重亏损，已临近破产的边缘或因其他原因而无法继续经营下去，为弄清企业财物现状，对全部财产进行清点、整理和查核，为经营决策（破产清算或继续经营）提供依据，以及因资产损毁、报废而进行清理、拆除等的经济行为。

3. 影响清算价格法的主要因素

（1）企业破产形式　如果企业完全丧失车辆的处置权，无法讨价还价，占有主动权的买方必然会尽力压低价格，以从中获益，如果企业尚有讨价还价的余地，车辆的价格可能高些。

（2）车辆拍卖时限　车辆的拍卖时限越短，车辆的清算价格就越低，反之，若拍卖的时限较长，车辆的价格就高些。

（3）车辆现行市价　与被拍卖车辆相同或类似的车辆的现行市价越高，被拍卖车辆的清算价格通常也会高些；反之，被拍卖车辆的价格就低些。

（4）车辆拍卖方式　若车辆与破产企业的其他资产一起整体拍卖，其拍卖值可能会高于包括车辆在内的各单项资产变现价值之和。

4. 清算价格的方法

（1）评估价格折扣法　首先，根据被评估二手车的具体情况及所获得的资料，选择重置成本法、收益现值法及现行市价法中的一种方法确定被评估二手车的价格；然后，根据市场调研和快速变现原则，确定一个合适的折扣率；最后，用评估价格乘以折扣率，所得结果即为被评估二手车的清算价格。

小知识

例如，一辆旧桑塔纳轿车，经调研在二手车交易市场上成交价为 4 万元，根据销售情况调研，折价 20% 可以当即出售，则该车辆清算价格为 $4 \times (1 - 20\%) = 3.2$（万元）。

（2）模拟拍卖法　也称意向询价法。这种方法是根据向被评估二手车的潜在购买者询价的办法取得市场信息，最后经评估人员分析确定其清算价格的一种方法。用这种方法确定的清算价格受供需关系影响很大，要充分考虑其影响的程度。

小知识

例如，有 8t 自卸车 1 台，拟评估其拍卖清算价格，鉴定评估师经过对两家运输公司、三个个体运输户征询意向价格，其报价分别为 7 万元、8.3 万元、7.8 万元、8 万元和 7.5 万元，平均价为 7.72 万元。考虑目前各种因素，鉴定评估师确定清算价格为 7.5 万元。

（3）竞价法　竞价法是由法院按照破产清算的法定程序或由卖方根据评估结果提出一个拍卖的底价，在公开市场上由买方竞争出价，谁出的价格高就卖给谁。

二、清算价格法运用流程

1. 评估要点

（1）用其他评估方法确定基数　采用清算价格法时，一般采用市场比较法、重置成本法和收益现值法或综合运用几种方法的组合确定基数。

（2）根据相关因素确定快速变现系数　影响快速变现系数大小的因素有：

1）被评估车辆市场接受程度。如是通用车型还是专用车型（运钞车就比一般的小客车难以变现）。

2）要综合考虑车辆的欠费情况。欠费较多的车辆只能变换用途拆零出售，价格相对较低。

3）拍卖时限。变现时间的长短影响快速变现系数，变现时间越短，快速变现系数就越低。

通常快速变现系数小于 1，但对用重置成本法（使用年限法）计算成新率的离报废年限只剩 2 ~ 3 年的通用型车辆（如桑塔纳、捷达），如车况较好，则变现系数可能略大于 1。

2. 评估实例

亮点展示

例：某法院将在近期内出售一辆扣押的国产丰田普拉多 4.0AT-GX 豪华型轿车，至评估基准日该车已使用了 3 年 6 个月，车况与新旧程度相符，试评估该车的清算价格。

分析：据了解，本次评估目的是债务清偿，应采用的评估方法为清算价格法。

评估步骤如下：

（1）确定清算价格　根据已知条件，采用重置成本法确定清算价格。

（2）确定已使用年限和规定使用年限　该车已使用年限为3年6个月，折合为42个月；根据国家规定，该车辆使用年限为15年，折合为180个月。

（3）确定车辆成新率　被评估车辆技术状况与其新旧程度相符，决定采用使用年限法确定其成新率，被评估车辆成新率 C_Y 为：

$$C_Y = \left(1 - \frac{Y}{Y_g}\right) \times 100\% = \left(1 - \frac{42}{180}\right) \times 100\% = 77\%$$

（4）确定车辆的重置成本全价　根据调研，全新的同型车目前售价为47万。根据相关规定，购置此车时，要缴纳10%的车辆购置税，故被评估车辆的重置成本全价 B 为：

$$B = 470000 \times (1 + 10\%) = 517000（元）$$

（5）确定被评估车辆在公平市场条件下的评估值　根据调研了解，被评估车辆的功能性损耗及经济性损耗均很小，可忽略不计，故在公平市场条件下，该车的评估值为：

$$P = B \times C = 517000 \times 77\% = 398090（元）$$

（6）确定折扣率　根据市场调研，折扣率取80%时，可在清算日内出售车辆，故确定折扣率为80%。

（7）确定被评估车辆的清算价格

$$车辆的清算价格 = 398090 \times 80\% = 318472（元）$$

项目五

二手车鉴定评估报告撰写

任务 撰写二手车鉴定评估报告

 任务描述

车辆经过静态检查、动态检查以及价值评估后，鉴定评估机构要向委托方出具鉴定评估报告。

 任务分析

《二手车鉴定评估报告》是鉴定评估工作的成果，也是鉴定评估工作的必要环节。评估报告要根据车辆技术状况鉴定等级和价值评估结果来撰写，任何一个环节和内容的填写都要保证有据可查，有理可依。

 学习目标

掌握二手车鉴定评估报告的撰写。

 建议学时

2学时。

 相关知识

一、评估报告书的重要性

1）为被委托的车辆提供作价意见。二手车评估报告书是经具有汽车评估资格的机构根据委托评估的车辆的状况，由专业的二手车鉴定评估师遵循评估的原则和标准，按照法定的程序，运用科学的方法对被委托评估的车辆价值进行评估和估算后，通过报告书的形式提出作价的意见。该作价意见不代表任何当事人一方的利益，并且是一种专家估价意见，具有较强的公正性和科学性，因而成为被委托评估车辆作价的参考依据。

2）二手车评估报告书是反映和体现评估工作情况，明确委托方、受托方及有关方面责任的根据，采用文字的形式，对受托方进行汽车评估的目的、背景、产权、依据、程序、方法等过程和评定的结果进行说明和总结，体现了评估机构的工作成果。同时，汽车鉴定评估报告也反映和体现了受委托的汽车评估机构与鉴定评估师的权利和义务，并以此来明确委托方和受托方的法律责任。

3）二手车评估报告书是建立评估档案，归集评估档案资料的重要信息来源。二手车评估机构和鉴定评估师在完成评估任务后，必须按照档案管理的有关规定，将评估过程收集的资料、工作记录以及评估过程的有关工作底稿进行归档，以便进行评估档案的管理和使用。由于二手车评估报告书是对整个评估过程的工作总结，其内容包括了评估过程的各个具体环节和各有关资料的收集和记录，所以，不仅评估书的底稿是评估档案归集的主要内容，而且撰写二手车评估报告过程中采用的各种数据、各个依据及工作底稿等都是二手车评估档案的重要信息来源。

4）对二手车评估报告书进行审核，是管理部门完善汽车评估管理的重要手段。二手车评估报告书是反映评估机构和二手车鉴定评估师职业道德、职业能力水平、评估质量高低和机构内部管理机制完善程度的重要依据。有关管理部门通过审核二手车评估报告书，可以有效地对评估机构的业务开展情况进行监督和管理，对评估工作中出现的不足加以完善。

二、评估报告的要求及内容

撰写二手车鉴定评估报告书时，应实事求是，切忌出具虚假报告。报告拟定人应是参与鉴定评估并全面了解被评估车辆的主要鉴定评估人员。

报告书文字、内容要前后一致，正文、评估说明、作业表、鉴定工作底稿、数据要相互一致，不能出现相互矛盾、不一致的情况。同时要注意报告书完成后，要按业务约定的时间及时送交委托方，并保证相关文件齐全。

1. 基本要求

1）必须依照客观、公正、实事求是的原则，由二手车鉴定评估机构独立撰写鉴定评估报告，并如实反映鉴定评估的实际情况。

2）报告中应有委托单位（或个人）的名称、二手车鉴定评估机构的名称和印章、二手车鉴定评估机构的法人代表或其委托人和二手车鉴定评估师的签字以及提供报告的日期。

3）报告中要写明评估基准日，并且不得随意更改。所有在估价中采用的税率、费率、利率和其他价格标准，均应采用基准日的标准。

4）报告中应写明估价的目的、范围、二手车的状态和产权归属。

5）报告中应简述鉴定评估的过程，写明评估的方法。

6）报告中应有明确的鉴定估算价值的结果以及二手车的成新率、原值、重置价值、评估价值。

7）鉴定估价报告附件应齐全。

2. 主要内容

（1）封面

（2）首部

1）标题。

2）报告书序号。报告书序号应符合公文的要求，包括评估机构特征字、公文种类特征字、年份、文件序号等。

（3）序言 写明该评估报告委托方的全称、受委托评估事项及评估工作的整体情况。

（4）委托方与车辆所有方简介 在报告中应写明委托方、委托方联系人的名称、联系电话及住址以及车主的名称。

（5）鉴定评估目的 应写明本次鉴定评估是为了满足委托方的何种需要及其所对应的经济行为类型。

（6）鉴定评估对象 需简要写明车辆的厂牌型号、车牌号码、发动机号、车辆识别代号/车架号、注册登记日期、年审检验合格有效日期、公路规费交至日期、车辆购置税证号码、车船使用税缴纳有效期。

（7）鉴定评估基准日 写明车辆鉴定评估基准日的具体日期，式样为：鉴定评估基准日是×××年××月××日。

（8）评估原则 严格遵循"客观性、独立性、公正性、科学性"的原则。

（9）评估依据 评估依据一般包括行为依据、法律法规依据、产权依据和评定及取价依据等。

1）行为依据。行为依据是指二手车鉴定评估委托书、法院的委托书等经济行为文件。

2）法律法规依据。法律法规依据包括车辆鉴定评估的有关条款、文件及涉及车辆评估的有关法律、法规等。

3）产权依据。产权依据是指被评估车辆的机动车登记证书或其他能够证明车辆产权的文件等。

4）评定及取价依据。评定及取价依据为鉴定评估机构收集的国家有关部门发布的统计资料和技术标准资料以及评估机构收集的有关询价资料和参数资料等。

（10）评估方法及计算过程 简要说明鉴定评估师在评估过程中所选择并使用的评估方法；简要说明选择评估方法的依据或原因（如评估时采用一种以上的评估方法，应适当说明原因并说明该资产评估价值的确定方法；对于所选择的特殊评估方法，应适当介绍其原理与适用范围；简要说明各种评估方法的主要计算步骤等）。

（11）评估过程 应反映二手车鉴定评估机构自接受评估委托起到提交评估报告止的工作过程，包括接受委托、验证、现场查勘、市场调研与询问、评定估算和提交报告等过程。

（12）评估结论 给出被评估车辆的评估价格、金额（小写、大写）。

（13）特别事项 说明鉴定评估师认为需要说明的其他问题，但非鉴定评估师职业水平和能力所能评定估算的有关事项，应提示评估报告使用者注意。

（14）评估报告的法律效力 揭示评估报告的有效日期，特别提示评估基准日的期后事项对评估结论的影响以及评估报告的使用范围等，常见写法如下：

1）本项评估结论有效期为90天，自评估基准日至×××年××月××日止。

2）当评估目的在有效期内实现时，本评估结果可以作为交易价参考依据；超过90天，需重新评估。另外在评估报告的有效期内若被评估车辆的市场价格发生变化或因交通事故等原因导致车辆的价值发生变化，对车辆评估结果产生明显影响时，委托方也需重新委托评估机构进行评估。

3）鉴定评估报告书的使用权归委托方所有，其评估结论仅供委托方为本项目评估目的使用或送交二手车鉴定评估主管机关审查使用，不适用于其他目的；因使用本报告书不当而产生的任何后果与签署本报告书的鉴定评估师无关；未经委托方许可，本鉴定评估机构承诺不将本报告书的内容向他人提供或公开。

（15）鉴定评估报告的提出日期　写明评估报告应提交委托方的具体时间，评估报告原则上应在确定的评估基准日后 1 周内提出。

（16）附件　包括二手车鉴定评估委托书、二手车鉴定评估作业表、车辆行驶证、车辆购置税、车辆登记证书复印件、二手车鉴定评估师资格证书复印件、鉴定评估机构营业执照复印件、鉴定评估机构资质复印件和二手车照片等。

（17）尾部　写明出具评估报告的评估机构名称并盖章；写明评估机构法定代表人姓名并签名；鉴定评估师盖章并签名；高级鉴定评估师审核签章；注明报告日期。

三、评估报告的撰写方法

1. 评估资料的分类整理

被评估二手车的有关背景资料、技术鉴定情况资料及其他可供参考的数据记录等评估资料是编制二手车鉴定评估报告的基础，所以，应由专人将评估资料进行分类整理，包括评估鉴定作业表的审核、评估依据的说明和最后形成评估的文字材料等。

2. 评估资料的分析讨论

在整理资料工作完成后，评估工作人员应对评估的情况和初步结论进行分析讨论。如果发现存在提法不妥、计算错误、作价不合理等方面的问题，要求进行必要的调整，最终应在充分讨论的基础上得出一个正确的结论。

3. 评估报告书的撰写

鉴定评估师通过资料的汇总编排，确定二手车鉴定评估的基本情况，完成评估报告的初稿，然后与委托方交换意见，认真分析委托方提出的问题和意见，在坚持客观、公正、科学、可行的前提下修改评估报告书，修正完毕后可撰写正式二手车鉴定评估报告书。

4. 评估报告的审核

完成的评估报告应先由项目负责人审核，再报评估机构经理审核签发，再由二手车鉴定评估师签字并加盖评估机构公章，最后送达客户签收。

項目六

二手车收购和交易

 任务描述

图 6-1 为 2009 年注册登记的雪佛兰科鲁兹车辆。在进行收购时，收购部门对该车进行了评估，根据车况、新车购买价格、车辆使用年限、行驶里程等因素，确定出该车收购价格。

 任务分析

二手车收购价值的确定是根据其特定的目的，在二手车鉴定估价的基础上，充分考虑市场的供求关系，对评估的价格做快速变现的特殊处理。

图 6-1　2009 年雪佛兰
科鲁兹实车照片

 学习目标

1. 掌握影响二手车收购定价的因素。
2. 选择合适的定价方法准确地对收购的二手车进行合理定价。

 建议学时

<1 学时。

 相关知识

一、二手车的四种价格

1. 评估价

评估价是指缴纳二手车过户费（也称交易费或市场服务管理费）的基准价。评估价是由评估机构确定的，以防止交易双方谎报成交价而逃避应缴税费。根据《二手车流通管理办法》，政策上已取消强制评估。

2. 收购价

如果原车主将车卖给车市，则为车市的收购价；如果卖给二手车经纪公司，则为经纪公司的买入价。

3. 标价

标价为二手车市或经纪公司的卖出价。选购二手车的消费者到二手车市场上会发现，旧车上会有一个标价，这个标价是车市出让这款车的理想价格，一般都会高于最终成交价。

4. 销售价

销售价为最终成交价。一般情况下，一辆旧车从收购到最终交易会在 1 ~ 2 个星期内完成，售价较高的二手车如奔驰、宝马可能会超过一个月。

二、二手车收购定价的方法

1. 以现行市价法、重置成本法确定收购价格

首先应用现行市价法或重置成本法计算出旧车的评估值，再根据市场的供求关系估定一个折扣率并以此确定收购价格。用数学公式表示为：

收购价 = 现行市价或重置成本评估值 × (1 - 折扣率)

比如，运用重置成本法计算出某二手车的评估值为 10 万元，根据行情，估定折扣率为 20% 时可立即出售，则该车收购价格为 8 万元。

2. 以清算价格法确定收购价格

如果企业（或个人）由于破产、抵债等原因要求在一定期限内将车辆快速变现，可用此方法确定收购价。具体来说，就是先运用现行市价法估算其正常价值，再根据处置情况和变现要求，乘以一个快速变现系数，最后确定收购价值。

3. 以快速折旧的方法确定收购价

根据二手车的价值，计算折旧额来确定收购价格。车辆的折旧根据车辆的价值、使用年限，用所规定的折旧方法计算，对于允许使用的折旧方法，不同的国家有不同的规定，一般有直线折旧法、快速折旧法等多种方法，我国大多数采用直线折旧法。

（1）直线折旧法 又称使用年限法或平均折旧法，是指用车辆的原值除以车辆规定使用年限，以求得每年平均计算折旧额的方法。计算公式为

$$D_t = \frac{1}{N}(K_0 - S_v)$$

式中 D_t——机动车年折旧额；

K_0——机动车原值；

S_v——机动车残值；

N——机动车规定的折旧年限。

（2）快速折旧法 在所有折旧方法中，直线折旧法是应用最广泛的方法。除此之外我国有条件的企业也采用了快速折旧法。快速折旧法常用的算法有年份数求和法和余额递减折旧法两种。

1）年份数求和法。年份数求和法是指每年的折旧额可用车辆原值减去残值的差额乘一个逐年变化的递减系数来确定的一种方法。此递减系数的分母为车辆使用年限（通常为报废年限）历年数字的累计之和，即每年递减系数的分母均相等。一般来说，车辆使用年限

为 N 时，递减系数的分母等于 $N(N+1)/2$，分子等于 $N+1-t$。年份数求和的计算公式为

$$D_t = (K_0 - S_V) \times \frac{N+1-t}{N(N+1)/2}$$

式中　$\dfrac{N+1-t}{N(N+1)/2}$——递减系数（或年折旧率）；

　　　　　t——机动车在使用期限内某一确定年度。

2）余额递减折旧法。余额递减折旧法是指任何年的折旧额用现有车辆原值乘以在车辆整个寿命期内恒定的折旧率，接着用车辆原值减去该年折旧额作新的原值，下一年重复这一做法，直到折旧总额分摊完毕。在余额递减中所使用的折旧率，通常大于直线折旧率，当使用的折旧率为直线折旧率的二倍时，称为双倍余额递减法，具体计算公式为

$$D_t = K_0 a (1-a)^{t-1}$$

式中　K_0——机动车原值；

　　　　a——折旧率，直线法的折旧率为 $a = 1/N$；

　　　　t——机动车在使用期内某一确定年度。

应用该公式计算时，在使用期终仍有余额，为了使折旧总额到使用期终分摊完毕，到一定年度后，要改用直线折旧法。通常，在连续计算各年折旧额时，如果发现使用双倍余额递减法计算的折旧额小于采用直线折旧法计算的折旧额时，就应改用直线折旧法计算折旧。

任务二　整备翻新二手车

任务描述

图 6-2 为整备前的二手标致发动机舱。在收购二手车之后，会对它们进行仔细的整备，大大减小了车辆在售后出现故障的概率，这也是二手车行业向标准化、专业化发展的进步表现，如图 6-3 所示。

图 6-2　整备前的二手标致发动机舱　　　　图 6-3　整备后的标致发动机舱

任务分析

正规的二手车商收购一台车辆后，就会着手对二手车建立一个新的维修保养记录，主要内容包括检查车辆是否有事故，或者评判事故大小对于车辆有多大的受损程度，并对车辆进行一个全面的检查和保养，然后对需要更换的零部件进行更换或者维修，再精洗整车。

在经过整备之后，对车辆原有的漆面划痕再进行补漆或抛光等处理，二手车的价值也会相应提高一些。对消费者来说，也更有保障。

学习目标

能够运用车辆整备操作方法，进行车辆整备工作。

 建议学时

1 学时。

 相关知识

一、二手车整备翻新

1. 整备要求、方法

整备除了机电维修以外主要是对车辆的外观及内饰进行翻新、清洁与装饰，使其达到给客户以"整旧如新"的感觉。整备是个非常细致的工作环节，一般情况下，除了重新需要喷漆的部分以外，仅清洁与美容部分，一部车需要两名专业人员 6～7h 的时间才能完成。

表 6-1 所列出的是车辆整备的基本流程及具体步骤。

表 6-1 车辆整备操作标准

部　位	目　的	步　骤
全车外表	去除黏附车身的柏油及排气油垢	1）用清水洗净车身外部灰尘 2）擦干全车水渍 3）喷去柏油剂 4）约 15min 后用海绵擦拭全车
轮圈	清洁	1）喷上铝合金轮圈专用清洁液 2）等待数分钟后刷洗干净 3）检查胎压是否足够
发动机舱	清洁及检查	1）打开发动机舱盖检查各项油品以及冷却液、刮水器清洗液等是否足够且干净 2）用清洗液清洗发动机舱 3）检查并整理发动机舱线路 4）检查火花塞导线及各类传动带是否有破损
车轮、门槛和保险杠下方	除泥垢及检查锈蚀	1）用高压水管冲洗车轮部分及底盘部分 2）用刷子清洗前后翼子板内侧、车胎、轮圈细缝、前后保险杠下方、门槛下方及门框内侧 3）查看底盘是否有掉漆及锈蚀现象；若有，先刮除锈斑，用砂纸磨过后再同色补漆
全车外表	清洗去柏油剂	1）用肥皂水洗掉去柏油剂 2）用清水将全车外部擦洗一遍 3）用抹布将全车由上至下擦干，包括车窗玻璃、保险杠及前后灯罩及后视镜

（续）

部　位	目　的	步　骤
车厢内部	清洁	1）拿出车内所有的物品（包括地毯、脚垫、座椅套等）并清洗 2）用吸尘器将车厢内部全部吸干净 3）有污垢的地方用内饰清洁剂刷洗干净
仪表板和中控台	清洁	1）用吸尘器将仪表板、中控台及座椅吸干净 2）用棉花棒沾清洁液清洁各通风口的细缝凹槽 3）用内饰专用清洁剂清理内饰，顺序为车顶内衬板、仪表板、中控台、门内衬板、座椅、地毯
行李舱	清洁及整理随车工具	1）清出行李舱内所有物品 2）将备胎及行李舱地毯拿出来清洗 3）用吸尘器将这些地方吸干净 4）喷上清洁液擦洗干净 5）将随车工具归位 6）检查并整理音响线路及制动车灯线路
门框	清洁及防水检查	1）打开车门看车内有无漏水 2）清除车门框四周边缘及防水胶条上的水迹、泥垢 3）检查门框防水条有无破损，如有破损立即更换 4）检查门框边缘有无锈斑；若有，先刮除锈斑，再用砂纸磨过后涂上同色漆
车门下方	清洁及排水检查	1）检查车门底下是否有泥土及锈蚀 2）清除泥土及锈蚀 3）检查并确保门底下的排水孔通畅
车厢内部	上色	1）内饰上保养液。皮革、塑料、绒布等不同材质需分别处理 2）将洗干净的脚垫及座椅套装好
车辆外观	抛光打蜡	1）用海绵打上一层粗蜡或烤漆白蜡，要直线方式进行，在车顶、发动机舱盖、行李舱盖、车身左右等部位处理 2）保险杠是黑色塑料材质且无烤漆的，不要上蜡 3）再用海绵打上一层细蜡，方法相同 4）一个地方打完蜡再打下个部分，否则上蜡时间太久打光时很累且留下蜡痕
全车	终检	1）全车玻璃喷上清洁液后，用干布擦拭干净 2）检查车辆内外有无缺损的零部件 3）查看车身是否有擦伤掉漆；若有，用同色补漆小心修补，涂上几层就可 4）用牙刷除全车标志细缝及玻璃凹槽内的残留蜡渍 5）轮胎喷上轮胎液

二、二手车整备案例

小知识

车型：2008款的海马海福星手动幸福版车型如图6-4所示，里程数显示7.8万km。

图6-4　2008款海马海福星手动幸福版车型

1. 发动机冷却系统整备

图6-5所示为发动机冷却系统主要部件的大体位置，这些部件内总共存储有约6L的冷却液，在加入新的冷却液前一定要完全排出旧冷却液。

冷车时观察发现副散热器冷却液低于最低（LOW）液位，收车时液位还处在最低液位刻线以上，如图6-6所示。冷却液缺失到一定程度会使循环失效，使得发动机得不到足够的散热，温度升高，应及时观察冷却液温度表，立即停车，否则发动机温度升高到一定程度就导致燃烧室密封失效、油水相互侵入，甚至半路抛锚。

经过排查，找到了泄漏点，是主散热器发动机上出水管老化所致，如图6-7所示。冷却液的蒸发速度非常快，在车辆熄火后立即开盖检查更容易发现泄漏点。

图6-5　发动机冷却系统
　　　主要部件大体位置

图6-6　副散热器冷却液液位

图6-7　主散热器发动机上出水管

拧开散热器盖，换掉旧的上水管，并排出系统中所有旧的冷却液。使用专门的卡箍钳子拆卸水管，如图6-8所示。

首先拆掉上、下水管，排出主散热器内储存的旧的绿色冷却液，大约3L，如图6-9所示。排出空调暖风散热器内的冷却液，大约1L，如图6-10所示。

图6-8 拆卸水管

图6-9 排出主散热器
绿色冷却液

图6-10 排出空调暖风散热器
内的冷却液

用千斤顶和支撑物顶起车子，在车底拧松气缸水套的放水螺栓，排液，大约2L，如图6-11所示。

气缸水套的放水螺栓靠近水泵，压力比较大。在安装时最好涂抹密封胶，如图6-12所示，并用扭力扳手紧固。

图6-11 车底气缸水套的放水螺栓

图6-12 涂抹密封胶的气缸水套放水螺栓

用蒸馏水彻底冲洗一遍气缸水套，如图6-13所示。

使用空气压缩机吹干各部件管道内的残留液体，如图6-14所示。

图6-13 用蒸馏水冲洗气缸水套

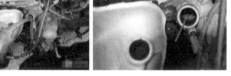

图6-14 吹干气缸水套管道内残留的液体

用套筒扳手和梅花扳手拆下主、副散热器，如图6-15所示。

彻底清洗两个散热器，特别是主散热器散热片，需彻底清理，并用水冲干净。散热片上有较多垃圾尘土附着，有效到位的清理可以降低风扇启动频率，减少噪声，从而提升车辆质感，如图6-16所示。

从散热器盖口可以看到主散热器散热片内部的状态，几乎和新的一样，一点锈迹都没有，如图6-17所示。

图 6-15　拆下主、副散热器　　　　　　图 6-16　彻底清洗主、副散热器

拆下主散热器后，可以清洗空调冷凝器散热片，提高空调制冷效率，如图 6-18 所示。换上新的上水管，并将散热系统各部件安装好，如图 6-19 所示。

图 6-17　主散热器盖口内部　　图 6-18　清洗空调冷凝器散热片　　图 6-19　安装新的上水管

加入红色的新冷却液，着车排气，再添加冷却液至副散热器最高刻线以下，第二天再按此检查直到刻度线不再变化，如图 6-20 所示。

2. 气门室盖整备

气门室盖垫渗油在一定范围内并不会影响发动机的性能和稳定性，其最大的问题就是脏，油和尘土混合物非常影响视觉效果，并且会向下蔓延到整个机体，如图 6-21 所示。

图 6-20　加入新的冷却液　　　　　　图 6-21　气门室盖

首先拆下盖子上的附件，用套筒按照顺序拆下螺栓，安装时相反，确保受力均匀，才能有良好的密封效果，然后用锋利的刀片切开盖垫，如图 6-22 所示。

拆下的盖子非常脏，上面的油泥也难清洗。箭头所指的密封垫在清洗前拆下，如图 6-23 所示。

图 6-22　拆下气门室盖附件　　　　　图 6-23　气门室盖密封垫

　　拔掉老化发硬的旧火花塞密封圈，并把盖垫接触位置油污彻底清理干净。这部分的油泥清理时应注意不要让大块油泥堵塞油道，如图 6-24 所示。

　　火花塞密封圈接触端面的油泥要彻底清理干净，如图 6-25 所示，保证没有凹凸不平情况。为了不影响其他位置，用脱漆剂喷在纸巾上卷住待清理位置待油泥溶解。

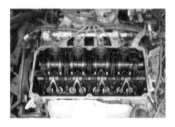

图 6-24　清理火花塞密封圈　　　　　图 6-25　火花塞密封圈接触端面

　　将新火花塞密封圈接触位置涂上适量机油并按压安装到位，如图 6-26 所示。
　　拆下盖子上的旧密封垫，将气门室盖上的油泥彻底清洗干净，如图 6-27 所示。

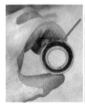

图 6-26　安装新的火花塞密封圈　　　　　图 6-27　清理气门室盖

　　在新密封垫上均匀涂抹适量硅酮密封胶，压入盖子内的凹槽。安装时要先确认螺栓孔内无异物，扭入顺畅，然后用扭力扳手按顺序拧紧螺栓，如图 6-28 所示
　　等胶干后用牙刷将旧的油泥清洗干净，结束整备，如图 6-29 所示。

图 6-28　安装气门室盖　　　　　图 6-29　清理气门室盖周围的油泥

任务三　二手车销售定价

任务描述

在销售二手车时，要确定车辆的销售价格。通过二手车销售定价的方法，确定了价格的范围。为了实现定价目标，二手车流通企业还需要考虑国家的价格政策、用户的要求、产品的性价比、品牌价值及服务水平，应用各种灵活的定价战术对基本价格进行调整，同时将价格策略和其他营销策略结合起来，如针对不同消费心理的心理定价和让利促销的各种折扣定价等，以确定具体的最终价格。

任务分析

销售二手车时，充分考虑市场的供求关系，在鉴定评估的基础上，确定车辆的价格。同时结合业务状况，充分考虑影响二手车销售定价的诸多因素，制订合理的销售定价策略，以市场营销的理念，科学地确定二手车的销售价格以取得利益的最大化。

学习目标

1. 掌握影响二手车销售定价的因素。
2. 选用正确的二手车定价方法计算二手车销售价格。
3. 针对不同的二手车制订合适的销售定价策略。
4. 准确地对销售的二手车进行合理的定价。

建议学时

< 2 学时。

相关知识

一、二手车销售定价的影响因素分析

1. 成本因素

（1）固定成本费用　固定成本费用是指在既定的经营目标内，不随收购车辆的变化而变动的成本费用。如分摊在这一经营项目的固定资产的折旧、管理费等项支出。

（2）固定成本费用摊销率　固定成本费用摊销率是指单位收购价值所包含的固定成本费用即固定成本费用与收购车辆总价值之比。如某企业根据经营目标，预计某年度收购100万元的车辆价值，分摊固定成本费用1万元，则单位固定成本费用摊销率为1%。如花费4万元收购一辆旧桑塔纳轿车，则应该将400元计入固定成本费用。

（3）变动成本费用　变动成本费用是指收购车辆随收购价格和其他费用而相应变动的费用。主要包括车辆实体的价格、运输费、公路养路费、保险费、日常维护费、维修翻新费、资金占用的利息等。

由上面成本分析可知，一辆二手车收购的总成本费用是这辆车应分摊的固定成本费用与变动成本费用之和，用数学式表达为：

一辆二手车的总成本费用 = 收购价格 × 固定成本费用摊销率 + 变动成本费用

2. 供求关系

价格受供求影响而有规律性的变动过程中，不同商品的变动幅度是不一样的。因此在销售定价时还要考虑需求价格弹性。所谓需求价格弹性，是指因价格变动而引起的需求相应的变动率，它反映需求变动对价格变动的敏感程度。

对于二手车来说，其需求弹性较强，即二手车价格的上升（或下降）会引起需求量较大幅度的减少（增加）。因此，我们在二手车的销售定价时，应将价格定得低一些，以薄利多销的方式增加赢利。

3. 竞争状况

在产品供不应求时，企业可以自由地选择定价方式。而在供大于求时，竞争必然随之加剧，定价方式的选择只能被动地根据市场竞争的需要来进行。为了稳定维持自己的市场份额，二手车的销售定价要考虑本地区同行业竞争对手的价格状况，根据自己的市场地位和定价的目标，选择与竞争对手相同的价格，甚至低于竞争对手的价格进行定价。

4. 国家政策法令

任何国家对物价都有适度的管理，不同的是，各个国家和地区对价格的控制程度、范围、方式等存在一定的差异，完全放开和完全控制的情况是没有的。一般而言，国家可以通过物价部门直接对企业定价进行干预，也可以用一些财政、税收手段对企业定价实行间接影响。

二、二手车销售定价的方法分析

1. 成本导向定价法

（1）成本加成定价法　又称为加额定价法、标高定价法或成本基数法，是一种比较普遍应用的定价方法。它首先确定单位产品总成本（包括单位变动成本和平均分摊的固定成本），然后在单位产品总成本基础上加上一定比例的利润，从而形成产品的单位销售价格。该方法的计算公式为：

单位产品价格 = 单位产品总成本 × (1 + 成本加成率)

由此可以看到，成本加成定价法的关键是成本加成率的确定。一般地说，加成率应与单位产品成本成反比，和资金周转率成反比，与需求价格弹性成反比，需求价格弹性不变时加成率也应保持相对稳定。

（2）目标收益定价法　又称为投资收益率定价法，是根据企业的投资总额、预期销量和投资回收期等因素来确定价格。在产品供不应求的条件下，或产品需求的价格弹性很小的细分市场中，目标收益法具有一定的应用价值。

（3）边际成本定价法　边际成本是指每增加或减少单位产品所引起的总成本的增加或减少。采用边际成本定价法时是以单位产品的边际成本作为定价依据和可接受价格的最低界限。在价格高于边际成本的情况下，企业出售产品的收入除完全补偿变动成本外，尚可用来补偿一部分固定成本，甚至可能提供利润。在竞争激烈的市场条件下具有极大的定价灵活性，对于有效地应对竞争、开拓新市场、调节需求的季节差异、形成最优产品组合可以发挥巨大的作用。

2. 需求导向定价法

需求导向定价法又称为客户导向定价法，是二手车流通企业根据市场需求状况和消费者的不同反应分别确定产品价格的一种定价方式。

> **小知识**
>
> 需求导向定价法的特点是：平均成本相同的同一产品价格随需求变化而变化，一般以该产品的历史价格为基础，根据市场需求变化情况，在一定的幅度内变动价格，以致同一商品可以按两种或两种以上价格销售。这种差价可以因客户的购买能力、对产品的需求情况、产品的型号和式样以及时间、地点等因素采用不同的形式。

3. 竞争导向定价法

竞争导向定价是以企业所处的行业地位和竞争定位而制订价格的一种方法，是二手车流通企业根据市场竞争状况确定商品价格的一种定价方式。

> **小知识**
>
> 竞争导向定价法的特点是：价格与成本和需求不发生直接关系。它主要以竞争对手的价格为基础，并与竞争品价格保持一定的比例。即竞争品价格未变，即使产品成本或市场需求变动了，也应维持原价；竞争品价格变动，即使产品成本和市场需求未变，也要相应调整价格。

上述定价方法中，成本加成定价法深受企业界欢迎，主要有以下优势：

（1）定价工作简化   由于成本的不确定性比需求的不确定性小得多，定价着眼于成本可以使定价工作大大简化，不必随时依需求情况的变化而频繁地调整，因而大大地简化了企业的定价工作。

（2）可降低价格竞争程度   只要同行业企业都采用这种定价方法，那么在成本与加成率相似的情况下价格也大致相同，这样可以使价格竞争减至最低限度。

（3）对买卖双方都较为公平   卖方不利用买方需求量增大的优势趁机哄抬物价，因而有利于买方，固定的加成率也可以使卖方获得相当稳定的投资收益。因此，我们推荐用成本加成法来对二手车销售进行定价。

三、二手车销售定价的策略分析

二手车销售定价策略是指二手车流通企业根据市场中不同变化因素对二手车价格的影响程度采用不同的定价方法，制订出适合市场变化的二手车销售价格。

1. 阶段定价策略

阶段定价策略根据产品寿命周期各阶段不同的市场特征而采用不同的定价目标和对策。投入期以打开市场为主；成长期以获取目标利润为主；成熟期以保持市场份额、利润总量最大为主；衰退期以回笼资金为主；另外，还要兼顾不同时期的市场行情，相应修改销售价格。

2. 心理定价策略

不同的消费者有不同的消费心理，有的注重经济实惠、物美价廉，有的注重产品的文化底蕴，有的追赶消费潮流。心理定价策略是在补偿成本的基础上，按不同的需求心理确定价格水平和变价幅度。如尾数定价策略是企业针对消费者的求廉心理，在二手车定价时有意定一个与整数有一定差额的价格。这是一种具有强烈刺激作用的心理定价策略。价格尾数的微小差别，能够明显影响消费者的购买行为，会给消费者一种经过精确计算的、最低价格的心理感觉，如某品牌的二手车标价69998元，给人以便宜的感觉，认为只要不到7万元就能买一台不错的品牌二手车。

3. 折扣定价策略

二手车流通企业在市场营销活动中，一般按照确定的目录价格或标价出售商品。但随着企业内外部环境的变化，为了促进销售者、客户更多地销售和购买本企业的产品，往往根据交易数量、付款方式等条件的不同，在价格上给销售者和客户一定的减让，这种生产者给销售者或消费者的一定程度的价格减让就是折扣。灵活运用价格折扣策略，可以鼓励需求、刺激购买，有利于企业搞活经营，提高经济效益。

4. 市场反馈定价策略

众所周知，二手车一车一价，但是，类似车辆的价格彼此间是具有可参考性的。某一部二手车能卖多少钱，相信没有一个经销商在该车辆卖出去之前完全准确预测，因此，有的二手车商就采取市场反馈定价策略，即先标一个相对较高的价格，根据消费者还价的情况再适度调整售价和最终成交价。

5. 成交定价策略

成交定价策略是根据既有的成交价调整下一辆车销售定价的策略。一般情况下，当车辆定价以后2—3天内就卖出去了，说明定价可能偏低了，倘若定价后相当长的时间后仍未成交，说明定价可能高了。因此，确定合适的销售周期作为定价参考是非常有必要的。

亮点展示

某二手车的基本情况如下：

品牌型号：一汽大众捷达CIF；号牌号码：辽A55H33；发动机号码：EK5647；

车辆识别代码/车架号：HK35425895154125；注册登记日期：2005年12月20日；

年审检验合格至2010年4月；车辆购置税完税证明（有）；某4S店于2010年4月收购，收购价格为4.40万元。

该车欲于2010年10月销售，其销售价格确定方法如下：

（1）固定成本费用摊销率的确定　按该4S店的固定成本构成情况分析，分摊给二手车销售的固定成本摊销率为1%。

（2）变动成本费用的确定

1）该车实体价格即收购价格为4.40万元。

2）收购车辆时的运输费用合计为65元。

3）从收购日起到预计的销售日，分摊在该车上的日常维护费用约400元。

4）该车收购后，维修翻新费用合计3200元。

5）车辆存放期间，银行的活期存款利率为0.36%。

二手车的变动成本 =（收购价格 + 运输费用 + 维护费用 + 维修翻新费用）×（1 + 银行活期利率）

$$= （44000 + 65 + 400 + 3200）×（1 + 0.36\%） = 47836.59（元）$$

该二手车的总成本费用 = 收购价格 × 固定成本费用摊销率 + 变动成本

$$= 44000 \times 1\% + 47836.59 = 48276.59(元)$$

（3）确定销售价格　按成本加成定价法，本车型属于大众车型，市场保有量较大，且销售情况平稳。根据销售时的市场行情，一般成本加成率约为6%。因此该车的销售价格为

二手车销售价格 = 该车总成本 × （1 + 成本加成率） = 48276.59 × （1 + 6%） = 51173.19(元)

（4）确定最终价格

1）该4S店目前处于比较稳定的经营时期，二手车经销状况也比较稳定，故应以获取合理利润为目标，所以成本加成率不做调整，即仍取6%。

2）该车不准备采用折扣定价策略，而上述计算结果中有精确的尾数，即采用尾数定价策略，也不再做调整。

故该二手车的最终销售价格确定为51173元。

任务四　置换二手车

任务描述

客户在购买新车时，欲将其车辆进行二手车置换，二手车鉴定评估师告知客户二手车置换的相关信息后，经过客户同意，引导客户进行二手车置换业务。

任务分析

在进行二手车置换业务时，区分以二手车交易为主导及以新车销售为主导两种不同的业务流程，依现场情况为客户进行业务办理，在办理过程中还要注意二手车置换的注意事项。

学习目标

1. 掌握二手车置换的流程及注意事项。

2. 进行各类二手车置换工作。

建议学时

<1学时。

相关知识

一、二手车置换的定义

二手车置换是指汽车置换，其定义有狭义和广义之分。

1）狭义的二手车置换就是以旧换新业务。经销商通过二手车的收购与新车的对等销售获取利益。目前，狭义的二手车置换业务在世界各国都已成为流行的销售方式。

2）广义的二手车置换是指在以旧换新业务基础上，同时兼容二手车整新、跟踪服务及二手车再销售乃至折抵分期付款等项目的一系列业务组合，从而使之成为一种有机而独立的营销方式。

二、二手车置换的流程

1. 以二手车交易为主导

汽车置换包括旧车出售和新车购买两个环节。不同的汽车置换授权经销商对汽车置换流程的规定不完全一样。图 6-30 为一汽大众汽车置换流程。

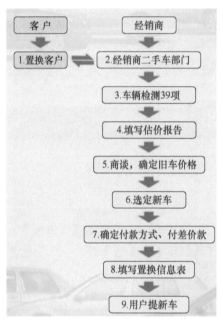

图 6-30　一汽大众汽车置换流程

扫一扫

二手车置换之
我要换新车

小知识

一般二手车置换程序如下：

1）客户通过电话或直接到二手车置换授权经销商处（一般是 4S 店或二级经销网点）进行咨询，也可登录二手车置换授权经销商的网站进行置换登记。

2）汽车评估定价。

3）二手车置换授权经销商销售顾问陪同选订新车。

4）签订二手车购销协议以及置换协议。

5）置换二手车的钱款直接冲抵新车的车款，客户补足新车差价后，办理提车手续，或由二手车置换授权经销商的销售顾问协助在指定的经销商处提取所订车辆，二手车置换授权经销商提供一条龙服务。

6）客户如需贷款购新车，则置换二手车的钱款作为新车的首付款，二手车置换授权经销商为客户办理购车贷款手续，建立提供因汽车消费信贷所产生的资信管理服务，

＊＊＊＊＊＊＊＊＊＊＊＊＊＊＊＊＊＊＊＊＊＊＊＊＊＊＊＊＊＊＊＊＊
并建立个人资信数据库。

　　7）二手车置换授权经销商办理二手车过户手续，客户提供必要的协助和材料。

　　8）二手车置换授权经销商为客户提供全程后续服务。

　　在二手车置换中，新车选择使用原车牌照，购买新车需交钱款为新车价格减去二手车评估价格。

2. 以新车销售为主导

　　1）客户通过电话或直接到新车销售店中，由新车销售顾问接待，在介绍新车后，由新车销售顾问提示客户是否有二手车需要置换。如果有，将邀请本公司的二手车鉴定评估师进行二手车鉴定评估定价。

　　2）新车销售顾问、二手车鉴定评估师与客户共同议定价格，确定差价，陪同选订新车。

　　3）签订二手车购销协议以及置换协议。

　　4）置换二手车的钱款直接冲抵新车的车款，客户补足新车差价后，办理提车手续，或由二手车置换授权经营商的销售顾问协助在指定的经营商处提取所订车辆，二手车置换授权经销商提供一条龙服务。

　　5）客户如需贷款购新车，则置换二手车的钱款作为新车的首付款，二手车置换授权经营商为客户办理购车贷款手续，建立提供因汽车消费信贷所产生的资信管理服务，并建立个人资信数据库。

　　6）二手车置换授权经营商办理旧车过户手续，客户提供必要的协助和资料。

　　7）二手车置换授权经销商为客户提供全程后续服务。

> **小提示**
>
> 二手车置换的注意事项
>
> 1）车辆牌照。新车仍使用原二手牌照的，经销商代办退牌手续和新车上牌手续；新车上新牌照的经销商可代办相关手续。
>
> 2）新车需交钱款＝新车价格－旧车评估价格。
>
> 3）贷款置换。如果旧车贷款尚未还清，可由经销商垫付还清贷款，款项计入新车需交钱款；或由贷款人自行还清贷款后交易。
>
> 4）为降低收购风险，定价签约与交车之间间隔不可太久，一旦车辆在此期间发生事故或故障，新车价格、二手车的市场价格发生变动，都将影响最终的置换业务完成。

任务五　拍卖二手车

 任务描述

　　图6-31为奥迪经销商二手车拍卖会，拍卖本着公开、公正、公平、诚信的原则，提高了被拍卖车辆的信息透明度，以便买者做出判断。

任务分析

二手车拍卖是二手车销售的一种有益补充，也是二手车交易体系中不可或缺的环节。目前，二手车拍卖方式是许多国家普遍采用的一种交易方式。

图6-31　奥迪经销商二手车拍卖会场照片

学习目标

1. 了解二手车的拍卖方式；掌握两种不同拍卖方式各自的特点。

2. 掌握二手的拍卖流程，顺利进行二手车的拍卖和竞买工作。

建议学时

1学时。

相关知识

一、拍卖的相关概念

拍卖是指以公开竞价的形式，将特定物品或财产权利转让给最高应价者的买卖方式。

（1）委托人　委托人是指委托拍卖人拍卖物品或财产权利的公民、法人或其他组织。

（2）拍卖人　拍卖人是指依照《中华人民共和国拍卖法》和《中华人民共和国公司法》设立的从事拍卖活动的企业法人拍卖人（即拍卖公司），其在法律关系中的地位是受委托人，其行为应符合合同法和拍卖法的规则。

（3）竞买人　竞买人是指参加竞购标的的公民、法人或其他组织。法律、行政法规对拍卖标的的买卖条件有规定的，竞买人应具备规定的条件。竞买人可自行参加竞买，也可以委托其代理人参加竞买。竞买人有权了解拍卖标的的瑕疵，有权查验拍卖标的并查阅有关拍卖资料。竞买人一经应价，不得撤回，当其他竞买人有更高应价时，其应价即丧失约束力。竞买人之间、竞买人与拍卖人之间不得恶意串通，损害他人利益。

（4）买受人　买受人是指以最高应价购得拍卖标的的竞买人。买受人应当按照约定支付拍卖标的的价款，未按照约定支付价款的，应当承担违约责任。买受人未能按照约定取得拍卖标的的，有权要求拍卖人或者委托人承担违约责任。买受人未按约定受领拍卖标的的，应当支付由此产生的保管费用。

（5）底价　底价是指拍卖标的的最低价格。如果底价低于这一价格则拍卖标的不予出售，底价应当由委托人提出。

（6）起拍价　起拍价是指拍卖时就某一标的开始拍卖时第一次报出的价格。起拍价可以低于底价，可以等于底价，也可以高出底价，因此底价与起拍价两者属于两种不同的价格现象。

二、二手车拍卖的相关政策介绍

1. 二手车流通管理办法

1）拍卖政策与规定。《二手车流通管理办法》第二十三条规定，下列车辆禁止经销、买卖、拍卖和经纪：已报废或达到国家强制报废标准的车辆；在抵押期间或未经海关批准交易的海关监管车辆；在人民法院、人民检察院、行政执法部门依法查封、扣押期间的车辆；通过盗窃、抢劫、诈骗等违法犯罪手段获得的车辆；发动机号码、车辆识别代号或车架号码与登记号码不相符，或有凿改迹象的车辆；走私、非法拼（组）装的车辆；不具有第二十二条所列证明、凭证的车辆；在本行政辖区以外的公安机关交通管理部门注册登记的车辆；国家法律、行政法规禁止经营的车辆。

2）统一发票的规定。《二手车流通管理办法》第二十四条规定，二手车经销企业销售、拍卖企业拍卖二手车时，应按规定向买方开具税务机关监制的统一发票。

2. 二手车交易规范

依据《二手车流通管理办法》，为便于操作，《二手车交易规范》中对拍卖的操作规程作了细化。规定要求从事二手车拍卖及相关中介服务活动应按照《拍卖法》及《拍卖管理办法》的有关规定进行。

扫一扫

二手车拍卖流程

三、二手车现场拍卖

1. 拍卖流程

对于二手车拍卖流程没有统一的标准，但拍卖业务应由拍卖师、估价师和有关业务人员组成，才能够从事拍卖业务活动。二手车委托拍卖流程如图 6-32 所示，二手车拍卖竞买流程如图 6-33 所示。

（1）接受委托

1）审查车辆来源的合法性。对委托拍卖车辆的行驶证、产权证、销售发票等有关证件资料进行真伪鉴别，并对这些证件资料逐一登记，填写拍卖车辆信息表，以便进一步核实。

2）审查车辆的处置权。在接受委托拍卖前，必须对车辆的处置权进行审核，审查委托人是否对委托拍卖的机动车具有处置权。

3）审查车辆的手续、证照及缴纳的各种税费是否齐全。对委托拍卖车辆的各种手续要审查是否齐备，特别是进口车和罚没车要审查是否带有海关进口证明书、商检局检

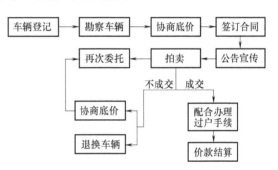

图 6-32 二手车委托拍卖流程

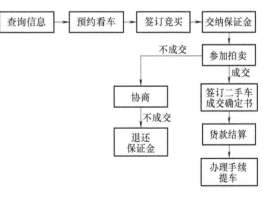

图 6-33 二手车拍卖竞买流程

验证书、罚没证明、法院的有关裁决书及有关批文等；另外还要检查车辆的附加费、保险等是否齐全；还要落实取得行驶权需要办理哪些手续、缴纳哪些税费以及税费数额。

4）对车辆进行静态和动态检查。对委托拍卖的车辆要进行详细的静态和动态检查，并对每项检查做好登记记录，填写车辆情况表，主管人员要签字审核。

5）确定委托底价（即拍卖底价）。在对车辆手续和车辆检查完毕和确定符合拍卖条件后，

由鉴定评估师、拍卖师和委托人三方根据当前市场行情确定拍卖底价，但底价不作为成交价。

（2）签订机动车委托拍卖合同　检查工作完成后，拍卖人如果决定接受委托人的拍卖委托，应与委托人签订机动车委托拍卖合同，一式两份。

（3）机动车拍卖公告的发布　《二手车交易规范》第三十一条规定，拍卖人应于拍卖日7日前发布公告。拍卖公告应通过报纸或其他新闻媒体发布，并载明下列事项：拍卖的时间、地点；拍卖的车型及数量；车辆的展示时间、地点；参加拍卖会办理竞买的手续；需要公告的其他事项，如号牌号码、初次登记时间、拍卖咨询电话和联系人等，并详细告之。

（4）车辆展示　在机动车拍卖前必须进行至少2日的公告展示，并在车辆显著位置张贴拍卖车辆信息。在展示期间必须要有专业人员在现场进行解答，并做好宣传工作。

如有意参加拍卖会竞买，经审核符合竞买人要求，必须提前办理入场手续，如交验竞买人的个人资料、填写竞买登记表、缴纳竞买押金、领取拍卖手册和入场号牌等。

（5）拍卖实施　在拍卖实施当天，竞买人经工作人员审查确认后，方可提前半小时进入会场。拍卖方法可根据车辆情况及竞买人到场情况，以有声增价拍卖的方式进行，但最后的成交价不得低于委托人的底价。拍卖成交后，以拍卖人的"成交确认书"作为交易市场开具交易发票的价格依据。

（6）收费　拍卖成交后，拍卖人收取委托人和买受人一定的佣金（收费标准按成交价的百分比确定，一般为双方各5%）并开具拍卖发票。

拍卖车辆在整个拍卖活动中发生的相关费用由委托人和买受人双方分别承担（以成交确认作为界定，成交前由委托人承担，成交后由买受人承担）。

（7）过户手续办理及车辆移交　机动车拍卖成交后，买受人和拍卖人应签署二手车拍卖成交确认书，办理车辆过户手续，在买受人付清全部车款后，方可填写机动车拍卖车辆移交清单，办理车辆移交手续。移交方式（含办理过户、转出、转入等相关手续）由委托人、买受人和拍卖人具体商议决定。

2. 拍卖所需资料

（1）二手车委托拍卖所需材料　车辆行驶证、购置证、车船税证、车辆所有人证件（个人为身份证、户口本；企事业单位为企事业单位代码证）。

（2）二手车参加竞买所需材料　竞买人身份证明（个人为身份证；企事业单位为企事业单位代码证书）和保证金（按每次拍卖会规定的标准交付）。拍卖人接受委托的，应与委托人签订委托拍卖合同。

《二手车交易规范》第十条规定，委托人应提供车辆真实的技术状况即《车辆信息表》，拍卖人应如实填写《拍卖车辆信息》。若对车辆技术状况存有异议，拍卖委托双方经商定可委托二手车鉴定评估机构对车辆进行鉴定评估。

💡 **小提示**

1）拍卖活动应公开、公平、公正，它的一切活动都具有法律效力。

2）竞买人必须具备相关的竞买条件，否则不得参加竞买。

3）竞买人必须事先按照规定办理登记手续，提交有关合法文件。进入拍卖现场前，必须办理入场手续，方能参加竞买。

4）竞买人若委托代理人竞买，代理人必须出示有效的委托文件及本人身份证件，否则作为代理人以自己的身份参加竞买。

5）竞买人在公告规定的咨询期限内有权了解拍卖标的物的情况，实地查看，有偿获得文件资料。一旦进入拍卖会现场，即表明已经完全了解情况，并愿意承担一切责任。

6）在竞买过程中，竞买人一定要认真严肃地进行竞买，一经应价，不得反悔，否则应赔偿由此造成的经济损失。

7）竞买人的最高应价在竞拍师以落槌的方式确认后，拍卖成交。

8）竞买成交后，买受人必须当场签署拍卖成交确认书和有关文件、合同等。

9）买受人付清全部价款后，方能办理拍卖标的物的交付手续。

10）竞买人必须遵守场内公共秩序，不得阻挠其他竞买人叫价竞标，不得阻挠拍卖师进行正常的拍卖工作，更不能有操纵、垄断等违法行为，一经发现，应取消竞买资格，并追究法律责任。

11）竞买人应先到现场查看拍卖的二手车，了解其技术状况，并具备一定的法律和经济知识，以免遭受不必要的损失。

任务六　办理二手车转移登记手续

任务描述

某4S店七月举办"众夏风暴0元置换节"活动，客户到店计划以旧的桑塔纳置换新帕萨特。并向销售顾问了解店内二手车置换的相关信息，然后与销售顾问一同进行了二手车的置换业务，办理二手车转移登记手续。

任务分析

二手车交易像买房子一样属于产权交易范畴，涉及相关的证明文件和必要的手续。二手车交易后必须办理这些证明文件的转移登记手续，以完成手续完备的、合法的成交。

学习目标

1. 掌握二手车转移登记手续办理流程及所需证件。
2. 能够协助客户办理二手车所有权转移登记。

建议学时

2学时。

相关知识

一、二手车转移登记手续办理程序

机动车产权证明是《机动车登记证书》《机动车行驶证》和机动车号牌。根据买卖双方的住所是否在同一车辆管理所管辖区内，机动车产权转移登记手续可分为同一车辆管理所管辖区内的所有权转移登记（即同城转移登记）和不同车辆管理所管辖区的所有权转移登记（即异地转移登记）两种登记方式。

　　二手车同城转移登记手续应在原车辆注册登记所在地公安交通管理部门办理。需要进行异地转移登记的，由车辆原属地公安交通管理部门办理车辆迁出手续，在接收地公安交通管理部门办理车辆迁入手续，如图6-34所示。

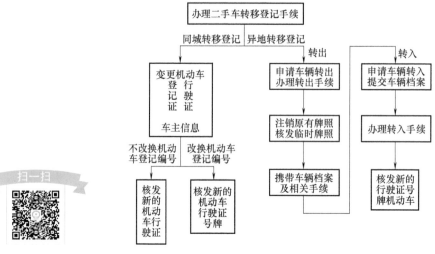

扫一扫

车辆登记流程介绍　　　　　图6-34　办理二手车转移登记手续的程序

二、《机动车登记证书》《机动车行驶证》和机动车号牌的作用

　　1）《机动车登记证书》是机动车办理了登记的证明文件，上面记载了机动车详细的信息资料和机动车所有人的资料等登记事项。当证书上所记载的原始信息发生变化时，机动车所有人应携此证到车辆管理所作变更登记。《机动车登记证书》不随车携带。

　　2）《机动车行驶证》是准予机动车在我国境内道路上行驶的法定证件。上面记录的内容在《机动车登记证书》上都有，因此，可以说《机动车登记证书》是机动车信息的正本，《机动车行驶证》是副本。《机动车登记证书》可以不随车携带，而《机动车行驶证》必须随车携带。

　　3）机动车号牌是准予机动车在我国境内道路行驶的法定标志，其号码是机动车登记编号，与行驶证上记载的号码一致。

三、二手车办理转移登记所需的手续及证件

　　二手车在同城交易和所有权转移登记时，根据买卖双方身份不同，办理转移登记时所需的手续和证件也有所不同。

1. 二手车所有权由个人转移给个人

　　卖方个人身份证原件及复印件；买方个人身份证原件及复印件；车辆原始购置发票或上次交易过户发票原件及复印件；过户车辆的《机动车登记证书》原件及复印件；过户车辆的《机动车行驶证》原件及复印件；二手车买卖合同；外地户口需持暂住证；过户车辆到场。

2. 二手车所有权由个人转移给单位

卖方个人身份证原件及复印件；买方单位法人代码证原件及复印件（须在年检有效期之内）；车辆原始购置发票或上次交易过户发票原件及复印件；过户车辆的《机动车登记证书》原件及复印件；过户车辆的《机动车行驶证》原件及复印件；二手车买卖合同；过户车辆到场。

3. 二手车所有权由单位转移给个人

卖方单位法人代码证原件及复印件（须在年检有效期之内）；买方个人身份证原件及复印件；车辆原始购置发票或上次交易过户发票原件及复印件（如发票丢失需本单位财务明细）；卖方单位须按实际成交价格给买方个人开具成交发票（需复印）；过户车辆的《机动车登记证书》原件及复印件；过户车辆的《机动车行驶证》原件及复印件；二手车买卖合同；过户车辆到场。

4. 二手车所有权由单位转移给单位

卖方单位法人代码证原件及复印件（须在年检有效期之内）；买方单位法人代码证原件及复印件（须在年检有效期之内）；车辆原始购置发票或上次交易过户发票原件及复印件（如发票丢失需本单位财务明细）；卖方单位须按实际成交价格给买方单位开具成交发票（需复印）；过户车辆的《机动车登记证书》原件及复印件；过户车辆的《机动车行驶证》原件及复印件；二手车买卖合同；过户车辆到场。

四、车辆所有权转移登记

1. 同城车辆所有权转移登记

办理已注册登记的机动车在同城（同一车辆管理所管辖区内）发生所有权转移时，只需要更改车主姓名（单位名称）和住所等资料，机动车及机动车号牌可以不变更。这种变更情形习惯上称为办理过户手续，即把机动车原车主的登记信息变更为新车主的登记信息。

（1）过户登记的程序　现车主提出申请（填写《机动车转移登记申请表》）→机动车检查站查验车辆（同时对超过检验周期的机动车进行安全检查）→车辆管理所受理审核资料→在《机动车登记证书》上记载过户登记事项（对需要改变机动车登记编号的，确定机动车登记编号）→收回原机动车号牌和《机动车行驶证》→重新核发机动车号牌和《机动车行驶证》（对不需要改变机动车登记编号的，只需重新核发《机动车行驶证》）。

（2）过户登记需要的材料

机动车转移登记申请表；现车主的身份证明；《机动车登记证书》（原件）；《机动车行驶证》（原件）；解除海关监管的机动车，应提交监管海关出具的《中华人民共和国海关监管车辆解除监管证明书》；机动车来历凭证（二手车交易的机动车来历凭证就是二手车销售统一发票）；车辆购置税完税证明；所购买的二手车。

（3）过户登记的事项

1）现车主的姓名或者单位名称、身份证明名称、身份证明号码、住所地址、邮政编码和联系电话。

2）机动车获得方式。机动车获得方式是指：人民法院调解、裁定、判决、仲裁机构仲裁裁决；购买、继承、赠予、中奖、协议抵偿债务、资产重组、资产整体买卖和调拨等。

3）机动车来历凭证的名称、编号。

4）转移登记的日期。

5）海关解除监管的机动车，登记海关出具的《中华人民共和国海关监管车辆解除监管证明书》的名称、编号。

6）改变机动车登记编号的，登记机动车登记编号。

（4）不能办理过户登记的情形　有下列情形之一的，不能办理过户登记：

1）车主提交的证明、凭证无效的。

2）机动车来历凭证涂改的或机动车来历凭证记载的车主与身份证明不符的。

3）车主提交的证明、凭证与机动车不符的。

4）机动车未经国家机动车产品主管部门许可生产、销售或未经国家进口机动车主管部门许可进口的。

5）机动车的有关技术数据与国家机动车产品主管部门公告的数据不符的。

6）机动车达到国家规定的强制报废标准的。

7）机动车属于被盗抢的。

8）机动车与该车的档案记载的内容不一致的。

9）机动车未被海关解除监管的。

10）机动车在抵押期间的。

11）机动车或机动车档案被人民法院、人民检察院、行政执法部门依法查封、扣押的。

12）机动车涉及未处理完毕的道路交通安全违法行为或者交通事故的。

2. 异地车辆所有权转移登记

二手车交易后，如果新车主和原车主的住所不在同一城市里，不能直接办理《机动车登记证书》和《机动车行驶证》的变更，需要到新车主住所所属的车辆管理所管辖区内办理。这就涉及二手车转出和转入登记问题。

（1）转出登记　车辆转出登记是指在现车辆管理所管辖区内已注册登记的车辆，办理车辆档案转出的手续。一般是由于现车主的住所或工作地址变动等原因需要将车辆转出本地。

1）转出登记程序。现车主提出申请（填写《机动车转移登记申请表》）→车辆管理所受理审核资料→确认车辆→在《机动车登记证书》上记载转出登记事项→收回机动车号牌和《机动车行驶证》→核发临时行驶车号牌，密封机动车档案→交机动车所有人。

2）转出登记的规定。根据《机动车登记规定》，二手车交易后且现车主的住所不在原车辆管理所管辖区的，现车主应当于机动车交付之日（以二手车销售发票上登记日期为准）起30日内，向原二手车管辖地车辆管理所提出转移登记申请，填写《机动车转移登记申请表》，有些地方还要求车主签订外迁保证书，如图6-35所示。

3）转出登记需要的资料。现车主在规定的时间内，持下列资料，向原二手车管辖地车辆管理所申请转出登记，并交验车辆：机动车转

客户须知及保证

本人居住_____省_____购买京_____车辆类型_____一辆。在北京市东方旧机动车交易市场有限公司办理过户事宜。本人特做出以下保证：

1.在过户前已核实此车的所有情况，对车辆状况认可，对交易过程无异议。

2.在过户前已清楚此车可以在本人当地车管部门落籍。

3.如该车不能办理转籍或不能在本人居住地的车管部门落籍，一切责任后果均由本人自行承担。

买方签字：

转入地：

年　月　日

图6-35　二手车外迁时车主签订的处迁保证书

移登记申请表；现车主的身份证明；《机动车登记证书》（原件）；机动车来历凭证（二手车销售发票注册登记联原件）；如果属于解除海关监管的机动车，应提交监管海关出具的《中华人民共和国海关监管车辆解除监管证明书》；交回机动车号牌和《机动车行驶证》。

4）转出登记事项。车辆管理所办理转出登记时，要在《机动车登记证书》上记载下列转出登记事项：①现车主的姓名或单位名称、身份证明名称、身份证明号码、住所地址、邮政编码和联系电话。②机动车获得方式。③机动车来历凭证的名称、编号。④转移登记的日期。⑤海关解除监管的机动车，登记海关出具的《中华人民共和国海关监管车辆解除监管证明书》的名称、编号。⑥改变机动车登记编号的，登记机动车登记编号。⑦登记转入地车辆管理所的名称。

完成转出登记的办理后，收回机动车号牌和《机动车行驶证》，核发临时行驶车号牌，密封机动车档案，交给车主到转入地办理转入登记手续。

（2）转入登记

1）机动车转入登记的条件。①现车主的住所属于本地车管所登记规定范围的。②转入机动车符合国家机动车登记规定的。

2）转入登记规定。根据《机动车登记规定》，机动车档案转出原车辆管理所后，机动车所有人必须在90日内携带车辆及档案资料到住所地车辆管理所申请机动车转入登记。

3）转入登记程序。车主提出申请→交验车辆→车辆管理所受理申请→审核资料→在《机动车登记证书》上记载转入登记事项→核发机动车号牌、《机动车行驶证》和检验合格标志。

4）转入登记需要的资料。机动车注册登记/转入申请表；车主的身份证明；《机动车登记证明》；机动车密封档案（原封条无断裂、破损）；申请办理转入登记的机动车的标准照片；海关监管的机动车，还应提交监管海关出具的《中华人民共和国海关监管车辆进（出）境领（销）牌照通知书》。

5）转入登记事项。车辆管理所办理转入登记时，要在《机动车登记证书》上记载下列登记事项：

① 车主的姓名或单位名称、身份证明号码或单位代码、住所地址、邮政编码和联系电话。

② 机动车的使用性质。

③ 转入登记的日期。

属于机动车所有权发生转移的，还应登记下列事项：

① 机动车获得方式。

② 机动车来历凭证的名称、编号和进口机动车的进口凭证的名称、编号。

③ 机动车办理保险的种类、保险的日期和保险公司的名称。

④ 机动车销售单位或交易市场的名称和机动车销售价格。

6）不能办理转入登记的情形。有下列情形之一的，不予办理转入登记：

① 机动车所有人擅自改动、更换机动车或者机动车档案的。

② 车主提交的证明、凭证无效的。

③ 机动车来历凭证涂改的或机动车来历凭证记载的车主与身份证明不符的。

④ 车主提交的证明、凭证与机动车不符的。

⑤ 机动车未经国家机动车产品主管部门许可生产、销售或未经国家进口机动车主管部门许可进口的。

⑥ 机动车的有关技术数据与国家机动车产品主管部门公告的数据不符的。

⑦ 机动车达到国家规定的强制报废标准的。

⑧ 机动车属于被盗抢的。

⑨ 机动车与该车的档案记载的内容不一致的。

⑩ 机动车未被海关解除监管的。

⑪ 机动车在抵押期间的。

⑫ 机动车或机动车档案被人民法院、人民检察院、行政执法部门依法查封、扣牌的。

⑬ 机动车涉及未处理完毕的道路交通安全违法行为或者交通事故的。

任务七　认知二手车金融

任务描述

　　二手车金融服务对象是车行和车主，因此二手车金融产品设计也是从这些人群的潜在需求出发的，二手车行有汽车经销商、二手车商及融资租赁公司等多个参与主体，其需求主要体现在库存融资和车辆残值评估两大领域；二手车主需求则体现在购车分期贷款、车辆抵押贷款及车辆信用贷款三大领域。

任务分析

　　二手车金融市场是长期被忽视的刚需市场，当前以二手车分期购车贷款及车辆抵押贷款为主流，逐步会扩展到上游的库存融资及下游的消费现金贷，然而二手车金融毕竟是一个新兴的市场，也有些潜在的市场痛点急需解决，二手车金融存在资产收益率偏低、资产急需标准化和风控体系不成熟三大行业痛点。

学习目标

　　1. 掌握二手车按揭的申请条件、申请资料及流程步骤。

　　2. 会进行二手车按揭工作。

建议学时

　　2 学时。

相关知识

一、二手车金融市场分析

1. 二手车市场交易量爆发

　　我国新车已进入置换高峰，2016 年国内汽车保有 1.9 亿辆，为二手车发展创造了巨大的空间。预计到 2020 年，新车将保持稳步发展，市场规模由 4 万亿辆增至 6 万亿辆；二手车将获得迅猛增长，市场规模由 0.75 万亿辆增至 2 万亿辆，如图 6-36 所示。

图 6-36　2010～2020 年新车与二手车销量

2. 二手车市场金融渗透率逐步提升

中国消费信贷占整体信贷市场规模的比例不到 18%，美国为 48%。中国居民部分杠杆率不到 40%，远低于发达国家的 123%。中国汽车金融渗透率仍为 20%，远低于发达国家的 80%。大众汽车金融的调研数据显示：2004 年，35 岁以下的汽车金融消费者占比不到 20%；而到 2014 年，这个占比达到 60%，且 18～25 岁人群占比逐步提升，消费年轻化趋势明显。新华信数据显示，汽车金融产品在年轻群体尤其是 20 岁人群中的渗透率更高，因此，年轻群体的崛起将大大提升汽车金融渗透率。单从每年新车购入量及汽车保有量增幅来看，中国二手车市场体量有逐年递增的趋势，二手车市场的金融渗透率也将逐步提升，如图 6-37 所示。

图 6-37　2013～2018 年中国汽车保有量情况

3. 二手车政策环境趋于统一、规范

二手车行业是政策依赖度较高的行业之一。2018 年商务部起草形成了《二手车流通管理办法（征求意见稿）》。

变化一：多个地区逐渐解除限迁政策，从而起到"推高流转效率，提升车价"的作用。

变化二：将逐渐统一各地二手车税收政策，公平税负，促进公平竞争。

变化三：针对各地产权登记部门统一监管要求，不得违规增设办事条件。推动一站式服务，提档、落户、保险等集中办理。

二、二手车按揭贷款

二手车按揭贷款是商业银行或汽车金融公司向个人借款人发放的，用于购买消费类自用二手车并以所购车辆为借款抵押物并抵押的贷款。

1. 申请条件

1）具有完全民事行为能力，且 18～60 周岁的自然人。

2）具有城镇常住户口或有效居留身份。

3）具有正当的职业和稳定的经济收入，具有按期偿还贷款本息的能力。

4）在当地有房产。

5）具有良好的个人社会信用。

6）合作机构所规定的其他条件。

2. 申请资料

1）借款申请书。

2）身份证、户口簿或其他有效证件原件，并提供其复印件。

3）职业和经济收入证明，包括但不限于单位开具的收入证明、银行存单、信用卡对账单、纳税证明等。

4）与卖方签订的购车协议、合同或购车意向书。

5）担保所需的证明或文件。

6）已缴付首期购车款的相关证明。

7）银行要求提供的其他文件资料。

3. 流程步骤

（1）购车人到银行营业网点进行咨询　网点为用户推荐已与银行签订《二手汽车消费贷款合作协议书》的特约经销商。

（2）到经销商处选定拟购二手车　签订购车协议，明确车型、数量、颜色等。

（3）到银行网点提出贷款申请　到银行网点提出贷款申请必需的资料有：个人贷款申请书、有效身份证件、职业和收入证明以及家庭基本状况、购车协议、担保所需的证明文件、贷款人规定的其他条件。

（4）银行审核用户资信　银行在贷款申请受理后十五个工作日内通知购车借款人，与符合贷款条件的借款人签订《二手汽车消费借款合同》。二手车消费贷款额度最高不超过购车款的 60%～80%（各贷款银行有所不同），贷款期限最长不得超过 3～5 年（各贷款银行有所不同）。若用户不符合贷款条件，银行将申请材料退回申请人。

（5）签订借款和担保合同　若申请人符合贷款条件，银行与其签订借款合同和有关担保合同。担保方式及相应手续如下：

1）用户提供第三方连带责任保证方式（银行、保险公司除外）的，保证人与银行签订保证合同，也可以由保险公司提供连带责任履约保证或由银行提供保函。

2）用户以抵押或质押方式担保，应与银行签订抵押或质押合同。以房屋作抵押的，须经指定评估机构评估确认后，由银行会同抵押人到房屋所在区县房地产登记处办理抵押登记，在取得权证后合同生效。以质押方式担保的，质押合同以权利凭证移交给银行后合同生效。

3）以上手续完成后，银行应及时向特约经销商发出贷款通知书。

4）以所购二手车作抵押的，银行应向特约经销商发出贷款通知书，并在所购二手车上牌后由银行统一到车辆管理所办理抵押登记。

（6）银行发放贷款　用户办理车辆保险，经销商在收到贷款通知书 15 日内，将客户购车发票、缴费单据及行驶证（复印件）等移交银行。银行在客户办理财产保险手续后发放贷款。险种包括车辆损失险、第三者责任险、盗抢险和自燃险等。各类保险期限均不得短于贷款期限。

（7）客户按时还款　客户按月或按季等额还本息。

参 考 文 献

［1］赵培全，蔡云. 汽车评估学［M］. 2 版. 北京：中国水利水电出版社，2015.

［2］张艳芳. 二手车鉴定评估与交易［M］. 北京：清华大学出版社，2015.

职业教育汽车类专业"互联网＋"创新教材

汽车技术服务与营销专业"校企合作"精品教材

二手车鉴定评估与交易实训工单

北京运华科技发展有限公司　组编

主　编　孙泽涛　王　婷　王晓杰

副主编　张安刚　王　东　姜雁雁

参　编　吴风波　杨洪涛　赵　清　刘长军　孙　鲁　付鹏程

　　　　刘　铭　郑瑞娜　邓成杰

机械工业出版社

CHINA MACHINE PRESS

目录

二手车评估准备

实训工单一　查验可交易车辆单证

学院		专业	
姓名		学号	

一、接受工作任务

　　车主张先生提供了车辆的行驶证、购置税本、机动车登记证书、发票及保险单等一系列手续资料，现在二手车鉴定评估师小李要对这些手续资料进行查验。

二、信息收集

1）（多选题）下列可以作为机动车来历凭证的有（　　　）。

A. 公证书　　　　　　　　　　　B. 二手车销售统一发票

C. 法院调解书　　　　　　　　　D. 权益转让证明书

2）（多选题）机动车来历凭证（如机动车销售统一发票）的查验要点有（　　　）。

A. 销售统一发票上要清楚地显示购车人姓名、身份证号

B. 销售统一发票上要清楚地显示车辆类型和型号、合格证号、发动机号和车架号

C. 查验原始发票上的车主姓名同机动车行驶证上是否一致

D. 销售统一发票上要清楚地显示购车单价、销售单位公章

3）请描述机动车行驶证的查验要点。

_____

_____

4）请描述机动车登记证书的查验要点。

_____

_____

5）（判断题）完税（包括减税）车辆需加盖"车辆购置税征税专用章"，免税车辆需加盖"车辆购置免税专用章"，以及加盖征收机关公章后，凭证才有效。（　　）

6）请描述机动车交通事故责任强制保险单的查验要点。

_____

_____

7）请描述车辆铭牌的查验要点。

_____

_____

三、制订计划

请根据二手车手续查验的要求，制订查验可交易车辆单证的工作计划。

_____

四、计划实施

请对以下单证进行查验。

序号	查验项目	识伪（真/假）	识伪理由
1	机动车来历凭证（以机动车销售统一发票为例）	□真　□假	
2	机动车行驶证	□真　□假	
3	机动车登记证书	□真　□假	
4	车辆购置税完税证明	□真　□假	
5	机动车交通事故责任强制保险单（正本或电子保单）	□真　□假	
6	机动车综合商业保险保险单（正本或电子保单）	□真　□假	
7	车辆铭牌	□真　□假	
8	车辆一致性证书/进口机动车车辆随车检验单	□真　□假	
9	机动车号牌	套牌：□是　□否	

五、质量检查

请实训指导教师检查作业结果。

序号	检查项目	检查项目完成情况	
		合　格	不　合　格
1	机动车来历凭证（以机动车销售统一发票为例）		
2	机动车行驶证		
3	机动车登记证书		
4	车辆购置税完税证明		
5	机动车交通事故责任强制保险单（正本或电子保单）		
6	机动车综合商业保险保险单（正本或电子保单）		
7	车辆铭牌		
8	车辆一致性证书/进口机动车车辆随车检验单		
9	机动车号牌		

六、评价反馈

请根据自己在本次任务中的实际表现进行评价。

序号	评分标准	评分分值	得　分
1	明确工作任务，理解任务在企业工作中的重要程度	5	
2	掌握工作相关知识及查验要点	5	
3	能够对机动车来历凭证（如机动车销售统一发票）进行查验、识伪	10	
4	能够对机动车行驶证进行查验、识伪	15	
5	能够对机动车登记证书进行查验、识伪	15	
6	能够对车辆购置税完税证明进行查验、识伪	15	
7	能够对机动车交通事故责任强制保险单（正本）进行查验、识伪	10	
8	能够对机动车综合商业保险保险单（正本）进行查验、识伪	10	
9	能够对机动车号牌进行查验、识伪	15	
合计（总分100分）			

实训工单二　使用二手车鉴定评估设备

学院		专业	
姓名		学号	

一、接受工作任务

　　作为二手车鉴定评估师，为了能够使车况评价更具有科学性和真实性，往往需要借助外界工具进行实际检查。请小李使用评估工具完成二手车相应部件的检查工作。

二、信息收集

　　1）汽车解码器又称为_____，是一种_____的汽车故障自检查仪器，主要用于检查汽车可能存在的故障，读取_____，对_____和_____进行测试。

　　2）根据解码器的功能和使用范围不同，可将其分为_____、_____和_____三类。

　　3）漆面测量仪是一种测量金属物体上_____或_____厚度的_____设备。

　　4）轮胎胎纹尺主要用于_____，通过_____测量值，鉴定评估师可以判断_____状况，并结合_____确定车辆使用强度。

　　5）简述漆面测量仪的使用流程。

_____

_____

　　6）简述轮胎胎纹尺的使用注意事项。

_____

_____

三、制订计划

　　根据汽车解码器的使用方法，制订车辆检查的工作计划。

_____

四、计划实施

请完成车辆检查作业，并记录信息。

1）安装四件套。

座椅套：□是　□否
转向盘套：□是　□否
变速杆套：□是　□否
地板垫：□是　□否
结果描述：_____
_____

2）档位及驻车制动器均在正确位置。

位置：□P　□R　□N　□D
驻车制动器：□驻车位置
　　　　　　□非驻车位置
结果描述：_____
_____

3）铺设保护罩，检查油液，检查蓄电池电量。

铺设保护罩：□是　□否
油液正常：□是　□否
蓄电池电量正常：□是　□否
结果描述：_____
_____

4）检查故障现象及仪表指示情况。

故障现象：□有　□无
仪表：□正常　□不正常
结果描述：_____
_____

5）点火开关处于 OFF 位，解码器插入 OBD。

点火开关处于 OFF 位：□是　□否
已插入 OBD 口：□是　□否
结果描述：_____
_____

6）登录车型品牌界面，进行选择。

正确选择车型品牌：□是　□否

结果描述：_____

_____

7）点火开关打开至 ON 位。

点火开关打开至 ON 位：□是　□否

结果描述：_____

_____

8）读取故障码，读取后清除故障码，读取数据流。

读取故障码：□是　□否

清除故障码：□是　□否

读取数据流：□是　□否

结果描述：_____

_____

9）结束后关闭点火开关并拆下解码器。

关闭点火开关：□是　□否

拆除解码仪：□是　□否

结果描述：_____

_____

10）拆卸车内四件套和车外保护罩，关闭发动机舱盖和车门。

拆卸四件套：□是　□否

拆卸保护罩：□是　□否

结果描述：_____

_____

11）清理工具并清洁工作场地。

工具清理：□是 □否
场地清洁：□是 □否
结果描述：_____

_____

五、质量检查

请实训指导教师检查作业结果。

序号	检查项目	检查项目完成情况	
		合　格	不　合　格
1	检查故障现象及仪表指示情况		
2	点火开关处于 OFF 位，解码器插入 OBD		
3	铺设保护罩，检查发动机舱油液，检查蓄电池电量		
4	档位及驻车制动器均在正确位置		
5	安装四件套		
6	登录车型品牌界面，进行选择		
7	点火开关打开至 ON 位		
8	读取故障码，读取后清除故障码，读取数据流		
9	结束后关闭点火开关并拆下解码器		
10	拆卸车内四件套和车外保护罩，关闭发动机舱盖和车门		
11	清理工具并清洁工作场地		

六、评价反馈

请根据自己在本次任务中的实际表现进行评价。

序号	评分标准	评分分值	得　分
1	了解二手车鉴定评估过程中常用设备有哪些	10	
2	掌握解码器的使用方法	15	
3	掌握漆面测量仪的使用方法	15	
4	掌握轮胎胎纹尺的使用方法	15	
5	掌握万用表的使用方法	15	
6	会使用常用仪器对车况进行检查	30	
合计（总分100分）			

项目二

二手车静态技术鉴定

实训工单一　填写二手车鉴定评估作业表

学院		专业	
姓名		学号	

一、接受工作任务

　　车辆所有人在与二手车鉴定评估机构签订了委托协议后，二手车鉴定评估师需要根据实际情况对车辆进行检查。为方便日后评定估价，在进行车辆静态检查、动态检查和仪器检查的过程中，小李需要对所有检查结果进行详细记录。

二、信息收集

　　1）二手车鉴定评估作业表包括哪些基本内容？

_____

_____

　　2）二手车鉴定评估作业表中的车主信息有哪些？

_____

_____

　　3）填写车辆信息时，需要特别注意什么？

_____

_____

三、制订计划

　　根据车辆的检查结果，制订填写《二手车鉴定评估作业表》的评估计划。

四、计划实施

请完成车辆检查作业，并记录信息。

（1）客户信息 根据客户情况如实填写。

客 户 信 息	
车主名称（个人/机构）：	
有效证件号码（个人/机构）：	
联系人：	□先生 □女士
手机：	电话：
传真：	邮箱：
客户为： □首次评估客户 □再次评估客户	

（2）车辆信息 根据车辆信息如实填写。

车 辆 信 息	
厂牌：	型号：
颜色：	排量：
出厂年月：	初登日期：
VIN码：	
表征里程：	
使用性质：□非营运车 □营运车	
排放标准：□黄 □国Ⅰ □国Ⅱ □国Ⅲ □国Ⅳ □国Ⅴ □国Ⅵ □京Ⅴ	
车型：□两厢 □三厢 □商务 □越野车 □面包车	
车牌号码：	发动机号：
年审期限： 年 月	保险期限： 年 月

（3）车辆配置信息 根据车辆信息如实填写。

配 置 信 息				
发动机形式	□横置 □纵置 □直列	制动设备	□全盘式 □全鼓式 □前盘后鼓
	□V形 □水平 _____缸	ABS	□有 □无
转向助力	□电动 □电动液压 □液压 □无	ESP	□有 □无
车窗	□手动 □前电后手 □电动 □天窗	空调	□手动 □自动
座椅	□布质 □皮质 □加热 □记忆	倒车辅助系统	□倒车雷达 □倒车辅助 □无
	□手调 □电调	变速器	□MT □AT □CVT □AMT ____档
娱乐系统	□VCD □DVD	驱动方式	□2WD □4WD □AWD
	□单碟 □多碟 □导航	内饰颜色	□深色 □浅色 □桃木

（4）车辆静态检查

① 根据车辆实际检查情况如实填写。

安 全 部 件				外 观 部 件				
变形	烧焊痕迹	需烧焊	曾更换	需喷漆	需钣金	需更换	曾更换	曾喷漆
B	S	XS	CG	P	B	G	CG	CP

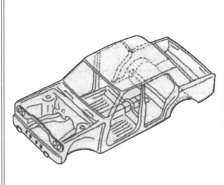

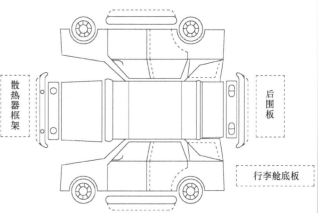

□完好　□更换车身　□火烧车　□泡水车　　全车喷漆　□是　□否　□质量优良　□多次喷漆较好　□色差、陈旧

② 车辆内饰部件和性能部件，根据车辆实际检查情况如实填写。

内 饰 部 件								翻新：F 更换：G
车辆内饰	前仪表台	转向盘	变速杆及防尘套	左前车门内饰	左前座椅	左后车门内饰	后排座椅靠垫	右后车门内饰
后排座椅坐垫	右前车门内饰	右前座椅	安全带	地胶	脚垫	后隔板	其他	

性 能 部 件										
左前轮胎	左前车门	左前门升降器	左后车门	左后轮胎	左后门升降器	油箱盖开启装置	行李舱盖开启装置	行李舱盖锁止机构	行李舱灯	备胎
尾气颜色	右后轮胎	右后车门	右后门升降器	右前车门	右前轮胎	右前车门升降器	发动机舱盖开启装置	发动机舱盖锁止机构	发动机外观	发动机冷却风扇
发动机管路	起动机	散热器	油漆漆面	刮水器装置	PLA智能泊车辅助系统	转向灯开关	电动反光镜调节开关	空调系统	驻车制动/电子驻车系统	
多媒体系统	多功能转向盘	助力转向系统	中控门锁	制动系统	后窗加热除霜装置	车内顶灯	遮阳帘	车内后视镜	车厢内储物装置	车载电源

③仪器设备检查及底盘检查，根据车辆实际检查情况如实填写。

仪器设备检查及底盘检查	
检查项目	故障描述
前悬架	□无故障　□左前减振器漏油　□右前减振器漏油　□轴距变形1.5cm以下　□轴距变形1.5cm以上
后悬架	□无故障　□左后减振器漏油　□右后减振器漏油　□后桥连杆变形
助力转向系统	□无故障　□转向机漏油　□助力油管漏油　□助力泵漏油
发动机、变速器、传动轴及万向节	□无故障　□传动轴松旷　□传动轴变形　□万向节橡胶套破损　□左外万向节需更换　□右外万向节需更换　□左内万向节需更换　□右内万向节需更换　□半轴油封漏油　□手动变速器后部漏油　□自动变速器油底壳漏油　□涡轮增压器漏油　□发动机下部漏油　□四驱装置异常
排气系统检查	□完好　□三元催化转化器损坏　□消声器损坏
左侧车身底边	□完好　□曾喷漆修复现漆面完好　□喷漆　□钣金　□曾更换　□需更换
右侧车身底边	□完好　□曾喷漆修复现漆面完好　□喷漆　□钣金　□曾更换　□需更换
车身底板	□无损伤　□轻微伤　□需烧焊修复　□有烧焊修复痕迹
制动系统	□无故障　□更换前制动盘　□更换前制动片　□更换后制动盘　□更换后制动片
ECU检查结果	□无故障　□发动机控制单元故障或无法检查　□自动变速器控制单元故障　□舒适系统电路故障　□发动机氧传感器故障　□发动机节流阀故障　□ABS传感器故障　□ABS泵偶发故障　□ABS泵失灵　□ESP失灵　□气囊控制单元失灵　□气囊灯报警，电路故障　□主气囊失灵　□副气囊失灵　□其他故障
火花塞	□无故障　□间隙>1.5mm
进、排气门/活塞	□无故障　□需清洁
气缸压力	□无故障　□压力异常
燃油喷嘴	□无故障　□喷注脉宽异常
水泵	□无故障　□异响　□漏水
轮胎螺栓拧紧力矩	□无故障　□力矩异常
蓄电池	□无故障　□充电异常
发电机	□无故障　□发电量异常

五、质量检查

请实训指导教师检查作业结果。

序号	检查项目	检查项目完成情况	
		合　格	不　合　格
1	客户信息记录		
2	车辆信息记录		
3	车辆配置信息记录		

六、评价反馈

请根据自己在本次任务中的实际表现进行评价。

序号	评分标准	评分分值	得　分
1	明确工作任务，理解任务在企业工作中的重要程度	5	
2	掌握工作相关知识	10	
3	能够对客户信息进行准确记录	10	
4	能够对车辆信息进行准确记录	15	
5	能够对车辆配置信息进行准确记录	15	
6	能够对车辆静态检查信息进行准确记录	45	
合计（总分100分）			

实训工单二　检查事故车

学院		专业	
姓名		学号	

一、接受工作任务

在车辆技术鉴定过程中，二手车鉴定评估师首先要确定车辆是否为事故车。现在二手车鉴定评估师小李对张先生的车进行检查，判别是否为事故车。

二、信息收集

1）判别事故车时，需要对车辆的哪些部位进行重点检查。

_____

_____

2）看图分析。

① 为什么车辆的前、后纵梁受到损伤后，即使修复，车辆的安全性也会大大降低？

分析：_____

_____

_____

_____

② 车辆的 A、B、C 柱有什么作用？

分析：_____

_____

_____

三、制订计划

根据事故车检查要点，制订判别事故车的工作计划。

四、计划实施

请完成判别事故车作业，并记录信息（备注：事故车判别检查也可在二手车鉴定评估仿真实训系统中进行操作）。

1. 车体左右对称性的检查

		检查项目及结果
 车体左右对称性	车辆右前方45°	车身腰线顺畅：□是　□否 各个部件接缝均匀：□是　□否 前后车门是否变形：□是　□否 前后车门是否存在色差：□是　□否 前翼子板是否变形：□是　□否 前翼子板是否喷漆：□是　□否 左右部件是否对称：□是　□否 结果描述：_____ _____
车体左右对称性	车辆左前方45°	车身腰线顺畅：□是　□否 各个部件接缝均匀：□是　□否 前后车门是否变形：□是　□否 前后车门是否存在色差：□是　□否 前翼子板是否变形：□是　□否 前翼子板是否喷漆：□是　□否 左右部件是否对称：□是　□否 结果描述：_____ _____

2. 左 B 柱、左 A 柱的检查

		检查项目及结果
 开启车门	左 B 柱	修复：□是　□否 变形：□是　□否 更换：□是　□否 可见伤：□有　□无 结果描述：_____ _____
	左 A 柱	修复：□是　□否 变形：□是　□否 更换：□是　□否 可见伤：□有　□无 结果描述：_____ _____

3. 车头部分右前纵梁、左前纵梁、右前减振器悬挂部位、左前减振器悬挂部位的检查

		检查项目及结果
	右前纵梁	变形：□是 □否 修复：□是 □否 更换：□是 □否 结果描述：＿＿＿＿＿＿＿＿＿＿ ＿＿＿＿＿＿＿＿＿＿＿＿＿＿
	左前纵梁	变形：□是 □否 修复：□是 □否 更换：□是 □否 结果描述：＿＿＿＿＿＿＿＿＿＿ ＿＿＿＿＿＿＿＿＿＿＿＿＿＿
	右前减振器悬挂部位	变形：□是 □否 修复：□是 □否 更换：□是 □否 结果描述：＿＿＿＿＿＿＿＿＿＿ ＿＿＿＿＿＿＿＿＿＿＿＿＿＿
	左前减振器悬挂部位	变形：□是 □否 修复：□是 □否 更换：□是 □否 结果描述：＿＿＿＿＿＿＿＿＿＿ ＿＿＿＿＿＿＿＿＿＿＿＿＿＿

4. 右 A 柱、右 B 柱、右 C 柱的检查

		检查项目及结果
	右 A 柱	修复：□是 □否 变形：□是 □否 更换：□是 □否 可见伤：□有 □无 结果描述：＿＿＿＿＿＿＿＿＿＿ ＿＿＿＿＿＿＿＿＿＿＿＿＿＿

	右 B 柱	修复：□是　□否 变形：□是　□否 更换：□是　□否 可见伤：□有　□无 结果描述：＿＿＿＿＿＿＿＿ ＿＿＿＿＿＿＿＿＿＿＿＿
	右 C 柱	修复：□是　□否 变形：□是　□否 更换：□是　□否 可见伤：□有　□无 结果描述：＿＿＿＿＿＿＿＿ ＿＿＿＿＿＿＿＿＿＿＿＿

5. 车后部

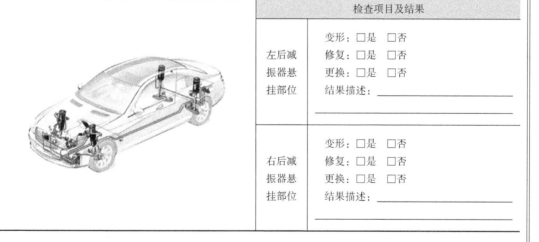

		检查项目及结果
	左后减振器悬挂部位	变形：□是　□否 修复：□是　□否 更换：□是　□否 结果描述：＿＿＿＿＿＿＿＿ ＿＿＿＿＿＿＿＿＿＿＿＿
	右后减振器悬挂部位	变形：□是　□否 修复：□是　□否 更换：□是　□否 结果描述：＿＿＿＿＿＿＿＿ ＿＿＿＿＿＿＿＿＿＿＿＿

6. 左 C 柱的检查

检查步骤与步骤 4 相同。

五、质量检查

请实训指导教师检查作业结果。

序号	检查项目	检查结果是否与实车实际相符	
		相　符	不　相　符
1	车体左右对称性		
2	左 B 柱		
3	左 A 柱		
4	左前纵梁		
5	右前纵梁		
6	左前减振器悬挂部位		
7	右前减振器悬挂部位		
8	右 A 柱		
9	右 B 柱		
10	右 C 柱		
11	左后减振器悬挂部位		
12	右后减振器悬挂部位		
13	左 C 柱		

六、评价反馈

请根据自己在本次任务中的实际表现进行评价。

序号	评分标准	评分分值	得　分
1	明确工作任务，理解任务在企业工作中的重要程度	5	
2	掌握工作相关知识及检查要点	10	
3	能够对车辆左右对称性进行检查	15	
4	能够对车辆左 A、B、C 柱进行检查	35	
5	能够对车辆右 A、B、C 柱进行检查		
6	能够对车辆左/右前减振器悬挂部位进行检查	35	
7	能够对车辆左/右后减振器悬挂部位进行检查		
合计（总分 100 分）			

实训工单三 检查车身外观

学院		专业	
姓名		学号	

一、接受工作任务

依据车辆静态检查作业内容要求，现在需要二手车鉴定评估师小李对车辆进行车身外观检查。

二、信息收集

1）在检查车辆外观时，需要对车辆的哪些部位进行检查。

_____

_____

2）简述下列车辆部位的检查要点。

① 后翼子板。

检查要点：_____

② 前/后风窗玻璃、门窗玻璃。

检查要点：_____

_____

③ 发动机舱盖。

检查要点：_____

_____

④ 车顶。

检查要点：_____

_____

三、制订计划

根据车辆外观的检查要点，制订车辆外观检查的工作计划。

四、计划实施

请完成车辆外观检查作业，并记录信息（备注：车辆外观检查也可在二手车鉴定评估仿真实训系统中进行操作）。

1. 左前车门及左 A 柱

左前车门可自由打开/关闭

检查项目及结果	
左前车门	平整：□是　□否 色差：□有　□无 喷漆：□是　□否 钣金：□是　□否 划痕：□有　□无 变形：□有　□无 凹陷：□有　□无 锈蚀：□有　□无 裂纹：□有　□无 结果描述：＿＿＿＿＿＿＿＿＿ ＿＿＿＿＿＿＿＿＿＿＿＿＿＿
	胶体：□变形　□老化　□正常 铰链：□锈蚀　□正常 固定螺丝：□拧动痕迹　□正常 更换：□是　□否 结果描述：＿＿＿＿＿＿＿＿＿ ＿＿＿＿＿＿＿＿＿＿＿＿＿＿
左前车窗玻璃	生产日期：□基本一致　□相差很大 裂纹/裂点：□有　□无 更换：□有　□无 结果描述：＿＿＿＿＿＿＿＿＿ ＿＿＿＿＿＿＿＿＿＿＿＿＿＿
门框	变形：□是　□否 结果描述：＿＿＿＿＿＿＿＿＿ ＿＿＿＿＿＿＿＿＿＿＿＿＿＿
左 A 柱	修复：□是　□否 喷漆：□是　□否 变形：□是　□否 扭曲：□是　□否 更换：□是　□否 烧焊：□是　□否 褶皱：□是　□否 结果描述：＿＿＿＿＿＿＿＿＿ ＿＿＿＿＿＿＿＿＿＿＿＿＿＿
左后视镜	后视镜加热：有□　无□ 电动折叠后视镜：有□　无□ 更换：□是　□否 结果描述：＿＿＿＿＿＿＿＿＿ ＿＿＿＿＿＿＿＿＿＿＿＿＿＿
底大边	焊接：□有　□无 变形：□有　□无 破损：□有　□无 结果描述：＿＿＿＿＿＿＿＿＿ ＿＿＿＿＿＿＿＿＿＿＿＿＿＿

2. 左前翼子板

	检查项目及结果	
	左前翼子板	喷漆：□是　□否 钣金：□是　□否 更换：□是　□否 结果描述：＿＿＿＿＿＿ ＿＿＿＿＿＿＿＿＿＿＿
	左前轮胎	更换：□是　□否 划痕：□有　□无 裂纹：□有　□无 破损：□是　□否 深度 <3mm：□是　□否 结果描述：＿＿＿＿＿＿ ＿＿＿＿＿＿＿＿＿＿＿
	左前车轮 轮毂	划痕：□有　□无 变形：□有　□无 结果描述：＿＿＿＿＿＿ ＿＿＿＿＿＿＿＿＿＿＿

3. 发动机舱盖表面（检查车辆正面）

	检查项目及结果	
提示 检查前风窗玻璃 确定 取消	前风窗玻璃	生产日期：□基本一致 □相差很大 裂纹/裂点：□有 □无 更换：□有 □无 结果描述：_____ _____
提示 检查前照灯 确定 取消	前照灯	灯体：□松动 □正常 灯罩：□划痕 □裂痕 □水雾 结果描述：_____ _____
提示 检查前保险杠 确定 取消	前保险杠	可见伤：□有 □无 色差：□有 □无 喷漆：□是 □否 钣金：□是 □否 更换：□是 □否 结果描述：_____ _____
提示 检查发动机舱盖表面 确定 取消	发动机舱盖	□更换 □钣金 □喷漆 左右间隙：□平均一致 □异常 铰链：□锈蚀 □正常 边缘封胶：□正常 □异常 结果描述：_____ _____

4. 右前翼子板

检查方法同步骤3。

5. 右前车门及右A柱

检查方法同步骤1。

6. 右后车门及右 B 柱

右后车门可自由打开/关闭

	检查项目及结果	
右后车门	平整：□是 □否 色差：□有 □无 喷漆：□是 □否 钣金：□是 □否 划痕：□有 □无 变形：□有 □无 凹陷：□有 □无 锈蚀：□有 □无 裂纹：□有 □无 结果描述：＿＿＿＿＿＿ ＿＿＿＿＿＿＿＿＿＿	
整体	胶体：□变形 □老化 □正常 铰链：□锈蚀 □正常 固定螺钉：□拧动痕迹 □正常 更换：□是 □否 结果描述：＿＿＿＿＿＿ ＿＿＿＿＿＿＿＿＿＿	
门框	变形：□是 □否 结果描述：＿＿＿＿＿＿ ＿＿＿＿＿＿＿＿＿＿	
右 B 柱	修复：□是 □否 喷漆：□是 □否 变形：□是 □否 扭曲：□是 □否 更换：□是 □否 烧焊：□是 □否 褶皱：□是 □否 结果描述：＿＿＿＿＿＿ ＿＿＿＿＿＿＿＿＿＿	
C 柱	修复：□是 □否 喷漆：□是 □否 变形：□是 □否 扭曲：□是 □否 更换：□是 □否 烧焊：□是 □否 褶皱：□是 □否 结果描述：＿＿＿＿＿＿ ＿＿＿＿＿＿＿＿＿＿	
底大边	焊接：□有 □无 变形：□有 □无 破损：□有 □无 结果描述：＿＿＿＿＿＿ ＿＿＿＿＿＿＿＿＿＿	

7. 右后翼子板

检查方法同步骤 3。

8. 车辆后部（行李舱、油箱盖等）

	检查项目及结果	
 检查行李舱盖 行李舱能否开启/关闭	行李舱盖	色差：□有　□无 左右间隙：□平均一致　□异常 喷漆：□是　□否 钣金：□是　□否 结果描述：
	后尾灯	灯体：□松动　□正常 灯罩：□划痕　□裂痕　□水雾 结果描述：
 检查后保险杠	后保险杠	可见伤：□有　□无 色差：□有　□无 喷漆：□是　□否 钣金：□是　□否 更换：□是　□否 结果描述：
 检查后风窗玻璃	油箱盖	开启：□正常　□卡滞 结果描述：
	后风窗玻璃	生产日期：□基本一致　□相差很大 裂纹/裂点：□有　□无 更换：□有　□无 结果描述：

9. 左后翼子板及 C 柱

检查方法同步骤 3。

10. 左后车门及左 B 柱

检查方法同步骤 6。

五、质量检查

请实训指导教师检查作业结果。

序号	检查项目	结果是否与实车实际相符	
		相　符	不　相　符
1	四门车窗玻璃		
2	前照灯		
3	前保险杠		
4	后保险杠		
5	左前轮		
6	左后轮		
7	右前轮		
8	右后轮		
9	发动机舱盖表面		
10	前风窗玻璃		
11	后风窗玻璃		
12	左后视镜		
13	右后视镜		
14	门框		
15	A柱		
16	B柱		
17	C柱		
18	底大边		
19	左前翼子板		
20	左后翼子板		
21	右前翼子板		
22	右后翼子板		
23	左前车门		
24	左后车门		
25	右前车门		
26	右后车门		
27	行李舱盖		
28	后尾灯		
29	轮胎		
30	油箱盖		

六、评价反馈

请根据自己在本次任务中的实际表现进行评价。

序号	评分标准	评分分值	得　分
1	明确工作任务，理解任务在企业工作中的重要程度	5	
2	掌握工作相关知识及检查要点	5	
3	能够对车辆外观的正前方进行检查	15	
4	能够对车辆外观左前门处进行检查	15	
5	能够对车辆外观右后门处进行检查	15	
6	能够对车辆后侧（行李舱、油箱盖等）进行检查	15	
7	能够对车辆外观左后门处进行检查	15	
8	能够对车辆外观左前门处进行检查	15	
合计（总分100分）			

实训工单四 检查发动机舱

学院		专业	
姓名		学号	

一、接受工作任务

依据车辆静态检查作业内容，现在需要二手车鉴定评估师小李对车辆发动机舱进行检查。

二、信息收集

1）在检查车辆发动机舱时，需要对发动机舱的哪些部位进行检查。

_____

_____

2）看图指出车辆检查部件名称及情况。

① 发动机舱盖铰链。

文字描述：_____

_____

② 发动机舱内部。

文字描述：_____

_____

③ 翼子板内衬。

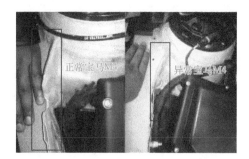

文字描述：_____

_____

④ 前部纵梁。

文字描述：_____

_____

⑤ 吸能盒。

文字描述：_____

_____

⑥ 发动机。

文字描述：_____

_____

⑦ 防撞梁。

文字描述：_____

_____

三、制订计划

根据车辆发动机舱的检查要点，制订发动机舱检查的工作计划。

四、计划实施

请完成车辆发动机舱检查作业，并记录信息（备注：车辆发动机舱检查部分内容可在二手车鉴定评估仿真实训系统中进行操作）。

	检查项目及结果
发动机舱盖	□更换　□钣金　□喷漆 结果描述：_____ _____

	发动机舱盖锁	卡滞：□是 □否 损坏：□是 □否 锁止关闭：□正常 □异常 结果描述：_____ _____
	发动机盖铰链	铰链：□锈蚀 □正常 结果描述：_____ _____ _____ _____
	防火墙	隔声板：□更换 □拆卸 □损伤 □正常 隔热防火设备：□更换 □拆卸 □损伤 　　　　　　　□正常 结果描述：_____ _____
	减振器座	减振器螺钉拧动：□是 □否 胶体：□正常 □异常 原厂焊点：□正常 □异常 结果描述：_____ _____
	翼子板内衬	内侧螺钉拧动：□是 □否 内侧螺钉：□修复 □更换 轮眉内部：□正常 □异常 胶体：□正常 □异常 原厂焊点：□正常 □异常 结果描述：_____
	前部纵梁	纵梁根部：□修复 □更换 　　　　　□损坏 □正常 结果描述：_____ _____

	吸能盒	吸能盒：□修复 □变形 □正常 结果描述：_____ _____
	发动机、变速器	发动机：□不正常渗油 □正常渗油 变速器：□不正常渗油 □正常渗油 检查发动机油液：□正常 □缺漏 □变质 结果描述：_____ _____
	防撞梁	防撞梁：□修复 □更换 □损坏 □正常 结果描述：_____ _____
	前照灯支架	前照灯支架：□修复 □变形 □正常 结果描述：_____ _____
	机油	机油：□严重混入冷却液 □轻微混入冷却液 □正常 结果描述：_____
	气缸盖	气缸盖：□机油严重渗漏 □机油轻微渗漏 □正常 结果描述：_____ _____

	前翼子板内缘、散热器框架、横拉梁	前翼子板内缘、散热器框架、横拉梁： □严重凹陷　□轻微凹陷　□严重修复 □轻微修复　□正常 结果描述：＿＿＿＿＿＿＿＿＿＿＿＿＿ ＿＿＿＿＿＿＿＿＿＿＿＿＿＿＿＿＿
	散热器格栅	散热器格栅：□严重破损　□轻微破损 　　　　　　□正常 结果描述：＿＿＿＿＿＿＿＿＿＿＿＿＿ ＿＿＿＿＿＿＿＿＿＿＿＿＿＿＿＿＿
	蓄电池电极	蓄电池电极：□严重腐蚀　□轻微腐蚀 　　　　　　□正常 结果描述：＿＿＿＿＿＿＿＿＿＿＿＿＿ ＿＿＿＿＿＿＿＿＿＿＿＿＿＿＿＿＿
	蓄电池电解液	蓄电池电解液：□严重渗漏　□轻微渗漏 　　　　　　　□严重缺少　□轻微缺少 　　　　　　　□正常 结果描述：＿＿＿＿＿＿＿＿＿＿＿＿＿ ＿＿＿＿＿＿＿＿＿＿＿＿＿＿＿＿＿
	发动机传送带	发动机传送带：□严重老化　□轻微老化 　　　　　　　□正常 结果描述：＿＿＿＿＿＿＿＿＿＿＿＿＿ ＿＿＿＿＿＿＿＿＿＿＿＿＿＿＿＿＿
	油管、水管	油管、水管：□老化　□裂痕　□正常 结果描述：＿＿＿＿＿＿＿＿＿＿＿＿＿ ＿＿＿＿＿＿＿＿＿＿＿＿＿＿＿＿＿

	线束	线束：□老化　□破损　□正常 结果描述：_____ _____

五、质量检查

请实训指导教师检查作业结果。

序号	检查项目	结果是否与实车实际相符	
		相　　符	不　相　符
1	发动机舱盖		
2	发动机舱盖锁		
3	发动机舱盖铰链		
4	防火墙		
5	减振器座		
6	翼子板内衬		
7	前部纵梁		
8	吸能盒		
9	发动机、变速器及线束管路		
10	防撞梁		
11	散热器支架		
12	前照灯支架		
13	机油		
14	气缸盖		
15	散热器格栅		
16	蓄电池电极		
17	蓄电池电解液		
18	发动机传送带		
19	油管、水管		

六、评价反馈

请根据自己在本次任务中的实际表现进行评价。

序号	评价标准	评分分值	得　　分
1	能够鉴别发动机舱盖铰链、发动机盖锁是否更换	10	
2	能够鉴别翼子板内衬板、减振器座、防火墙是否有修复或更换	15	
3	能够鉴别前防撞钢梁及吸能盒、车身前部纵梁是否有变形	15	
4	能够鉴别发动机、变速器是否有拆卸，线束与油管是否有渗漏或破损	20	
5	能够鉴别散热器框架是否进行过更换、维修	15	
6	能够鉴别前照灯框架是否存在损坏、维修	15	
7	能够完成渗漏油及常规养护检查	10	
	合计（总分100分）		

实训工单五 检查车舱

学院		专业	
姓名		学号	

一、接受工作任务

依据车辆静态检查作业内容，现在需要二手车鉴定评估师小李对车辆进行车舱检查。

二、信息收集

1）请说出下图仪表盘上四个表的名称及作用。

_____

_____

_____

_____

2）下列关于仪表指示灯说法正确的是（　　　）。

A. 冷却液温度指示灯常亮，说明发动机冷却液温度超过规定值，应立刻停止行驶

B. 如果车辆起动后，燃油指示灯点亮，说明车内燃油量不足

C. 当驾驶人打开左或右转向灯时，相应的转向指示灯会点亮，以提醒驾驶人转向灯处于开启状态

D. 当安全带被扣紧后，安全带指示灯会自动熄灭

3）请识别手动空调系统控制面板上各个功能键名称。

_____

_____

_____

三、制订计划

根据车舱的检查要点，制订车舱检查的工作计划。

四、计划实施

1) 请填写检查车辆的配置信息（备注：车舱检查的部分操作可在二手车鉴定评估仿真实训系统中进行）。

配 置 信 息					
助力转向类型	机械□　电子□	无钥匙进入	有□　无□	一键起动	有□　无□
气囊数	_____个	天窗类型	无□　单□　全景□	前照灯清洗	有□　无□
自动前照灯	有□　无□	倒车影像	有□　无□	导航	
雷达	前□　后□	电子稳定系统	有□　无□	自动启停	
自动驻车	有□　无□	胎压监测	有□　无□	并线辅助	
定速巡航	有□　无□	双区空调	有□　无□	自动空调	
自动防眩目后视镜	有□　无□	电动折叠后视镜	有□　无□	后视镜加热	有□　无□
真皮座椅	有□　无□	电动座椅	有□　无□	座椅加热	有□　无□
座椅记忆	有□　无□	座椅通风	有□　无□	—	—

2) 请检查主驾驶位内饰情况，并记录检查结果。

		检查项目及结果
	仪表盘、仪表灯	仪表板表面磨损：□有　□无 仪表指示灯：□正常　□故障 仪表故障灯：□正常　□故障 点火开关：□正常　□故障 结果描述：_____ _____
	转向盘	磨损：□是　□否 异响：□是　□否 松旷：□是　□否 功能键：□正常　□故障 结果描述：_____ _____

	洗涤系统	刮水器：□正常　□故障 喷水：□正常　□故障 除霜：□正常　□故障 结果描述：＿＿＿＿＿＿＿＿＿＿ ＿＿＿＿＿＿＿＿＿＿＿＿＿＿＿＿
	车门车窗 功能键	中控锁：□正常　□故障 玻璃升降器：□正常　□故障 后视镜调节功能：□正常　□故障 结果描述：＿＿＿＿＿＿＿＿＿＿ ＿＿＿＿＿＿＿＿＿＿＿＿＿＿＿＿
	门窗封条	□良好　□老化 结果描述：＿＿＿＿＿＿＿＿＿＿ ＿＿＿＿＿＿＿＿＿＿＿＿＿＿＿＿
	空调系统	制冷：□正常　□故障 制热：□正常　□故障 内外循环模式：□正常　□故障 结果描述：＿＿＿＿＿＿＿＿＿＿
	多媒体娱 乐系统	□正常　□故障 结果描述：＿＿＿＿＿＿＿＿＿＿ ＿＿＿＿＿＿＿＿＿＿＿＿＿＿＿＿

		磨损：□是　□否
	驻车制动操纵杆	操作灵活：□是　□否
		正常锁止：□是　□否
		结果描述：＿＿＿＿＿＿＿＿
		＿＿＿＿＿＿＿＿＿＿＿＿＿
		＿＿＿＿＿＿＿＿＿＿＿＿＿
	座椅	磨损：□无　□轻微　□严重
		裂开：□是　□否
		调节功能：□正常　□故障
		结果描述：＿＿＿＿＿＿＿＿
	安全带	水印、霉点：□是　□否
		失效：□是　□否
		更换：□是　□否
		结果描述：＿＿＿＿＿＿＿＿
		＿＿＿＿＿＿＿＿＿＿＿＿＿

3）请检车顶部位内饰情况，并记录检查结果。

		检查项目及结果
	车内后视镜	破损：□是　□否
		调节功能：□正常　□故障
		结果描述：＿＿＿＿＿＿＿＿
		＿＿＿＿＿＿＿＿＿＿＿＿＿
	遮阳板	破损：□是　□否
		修复：□是　□否
		结果描述：＿＿＿＿＿＿＿＿
		＿＿＿＿＿＿＿＿＿＿＿＿＿
	天窗	正常开启：□是　□否
		水槽内清洁：□是　□否
		排水管路通畅：□是　□否
		结果描述：＿＿＿＿＿＿＿＿
		＿＿＿＿＿＿＿＿＿＿＿＿＿

4）请检查副驾驶位内饰情况，并记录检查结果。

		检查项目及结果
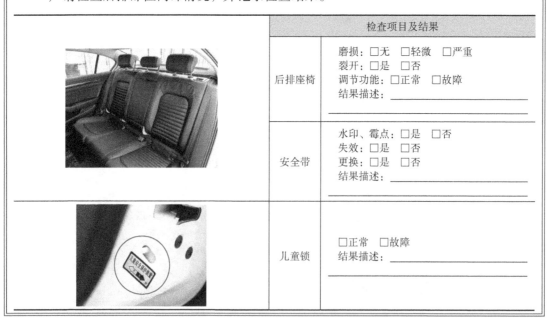	储物箱	□正常　□故障 结果描述：＿＿＿＿＿＿＿＿＿ ＿＿＿＿＿＿＿＿＿＿＿＿＿＿
	车内地毯	磨损：□是　□否 破损：□是　□否 水淹：□是　□否 结果描述：＿＿＿＿＿＿＿＿＿ ＿＿＿＿＿＿＿＿＿＿＿＿＿＿
	副驾驶座椅	磨损：□无　□轻微　□严重 裂开：□是　□否 调节功能：□正常　□故障 结果描述：＿＿＿＿＿＿＿＿＿ ＿＿＿＿＿＿＿＿＿＿＿＿＿＿
	安全带	水印、霉点：□是　□否 失效：□是　□否 更换：□是　□否 结果描述：＿＿＿＿＿＿＿＿＿ ＿＿＿＿＿＿＿＿＿＿＿＿＿＿

5）请检查后排部位内饰情况，并记录检查结果。

		检查项目及结果
	后排座椅	磨损：□无　□轻微　□严重 裂开：□是　□否 调节功能：□正常　□故障 结果描述：＿＿＿＿＿＿＿＿＿ ＿＿＿＿＿＿＿＿＿＿＿＿＿＿
	安全带	水印、霉点：□是　□否 失效：□是　□否 更换：□是　□否 结果描述：＿＿＿＿＿＿＿＿＿ ＿＿＿＿＿＿＿＿＿＿＿＿＿＿
	儿童锁	□正常　□故障 结果描述：＿＿＿＿＿＿＿＿＿ ＿＿＿＿＿＿＿＿＿＿＿＿＿＿

五、质量检查

请实训指导教师检查作业结果。

序号	检查项目	结果是否与实车实际相符	
		相　符	不　相　符
1	配置信息		
2	仪表盘、仪表灯		
3	转向盘		
4	洗涤系统		
5	车门车窗功能键		
6	空调系统		
7	多媒体娱乐系统		
8	驻车制动操纵杆		
9	座椅（主驾驶、副驾驶、后排）		
10	安全带（主驾驶、副驾驶、后排）		
11	车内后视镜		
12	遮阳板		
13	天窗		
14	储物箱		
15	车内地毯		
16	儿童锁		
17	门窗封条		

六、评价反馈

请根据自己在本次任务中的实际表现进行评价。

序号	评价标准	评分分值	得　分
1	明确工作任务，理解任务在企业工作中的重要程度	5	
2	掌握工作相关知识及检查要点	5	
3	能够填写检查车辆配置信息	5	
4	能够对主驾驶位内饰进行检查	55	
5	能够对车顶部位内饰进行检查	10	
6	能够对副驾驶位内饰进行检查	10	
7	能够对后排部位内饰进行检查	10	
	合计（总分100分）		

实训工单六 检查行李舱

学院		专业	
姓名		学号	

一、接受工作任务

依据车辆静态检查作业内容，现在需二手车鉴定评估师小李对车辆进行行李舱检查。

二、信息收集

1）简述车辆后部的检查内容。

_____

2）简述正确使用胎压计测量轮胎胎压的方法及注意事项。

_____

三、制订计划

根据行李舱的检查要点，制订车辆行李舱检查的工作计划。

四、计划实施

1）检查行李舱盖情况，并记录检查结果（备注：行李舱检查的部分操作可在二手车鉴定评估仿真实训系统中进行）。

	检查项目及结果
行李舱盖与尾灯、两侧后翼子板间的缝隙	左右对称：□是　□否 结果描述：_____
行李舱盖	划痕：□是　□否 凹陷：□是　□否 裂纹：□是　□否 喷漆：□是　□否 结果描述：_____
铰链螺钉	松动：□是　□否 锈蚀：□是　□否 结果描述：_____
密封胶体	老化：□是　□否 破损：□是　□否 结果描述：_____

2）请检查后尾灯情况，并记录检查结果。

	检查项目及结果
左右后尾灯	新旧程度：□一致　□不一致 缝隙对称：□是　□否 划痕：□是　□否 破损：□是　□否 水雾：□是　□否 裂痕：□是　□否 松动：□是　□否 结果描述：＿＿＿＿＿＿＿＿＿

3）打开行李舱盖并检查。

	检查项目及结果
上顶板	变形：□是　□否 修复：□是　□否 结果描述：＿＿＿＿＿＿＿＿＿
导水槽	损失：□是　□否 变形：□是　□否 修复：□是　□否 结果描述：＿＿＿＿＿＿＿＿＿
后围板	变形：□是　□否 修复：□是　□否 焊接：□是　□否 锈蚀：□是　□否 更换：□是　□否 边缘封胶：□正常　□异常 结果描述：＿＿＿＿＿＿＿＿＿
后保险杠	喷漆：□是　□否 更换：□是　□否 结果描述：＿＿＿＿＿＿＿＿＿
行李舱内板	变形：□是　否 修复：□是　□否 结果描述：＿＿＿＿＿＿＿＿＿
后翼子板内衬	变形：□是　□否 喷漆：□是　□否 结果描述：＿＿＿＿＿＿＿＿＿
备胎槽	褶皱：□是　□否 结果描述：＿＿＿＿＿＿＿＿＿
行李舱框架	打胶均匀：□是　□否 棱角分明：□是　□否 左右对称：□是　□否 结果描述：＿＿＿＿＿＿＿＿＿

4）检查液压杆或支撑杆情况，并记录检查结果。

	检查项目及结果
 液压杆或支撑杆	正常工作：□是　□否 喷漆：□是　□否 更换：□是　□否 结果描述：_____ _____

5）检查随车工具、备胎情况，并记录检查结果。

	检查项目及结果
随车工具	三角警示牌：□有　□无 千斤顶：□有　□无 车载灭火器：□有　□无 轮胎扳手：□有　□无 牵引环：□有　□无 其他：_____ 结果描述：_____ _____
 备胎	备胎：□有　□无 胎压：□正常　□不正常 老化：□是　□否 磨损：□是　□否 裂痕：□是　□否 结果描述：_____ _____

五、质量检查

请实训指导教师检查作业结果。

序号	检查项目	结果是否与实车实际相符	
		相　　符	不　相　符
1	行李舱盖		
2	后尾灯		
3	上顶板		
4	导水槽		
5	后围板		
6	行李舱内板		
7	后翼子板内衬		
8	备胎槽		
9	液压杆或支撑杆		
10	随车工具		
11	备胎		
12	行李舱框架		
13	后保险杠		

六、评价反馈

请根据自己在本次任务中的实际表现进行评价。

序号	评价标准	评分分值	得　　分
1	明确工作任务，理解任务在企业工作中的重要程度	5	
2	掌握工作相关知识及检查要点	5	
3	能够对行李舱盖进行检查	10	
4	能够对后尾灯进行检查	10	
5	能够对上顶板、导水槽、后围板、行李舱内板、后翼子板内衬、行李舱框架及备胎槽进行检查	40	
6	能够对液压杆或支撑杆进行检查	10	
7	能够对随车工具、备胎进行检查	20	
合计（总分100分）			

实训工单七 检查车辆底盘

学院		专业	
姓名		学号	

一、接受工作任务

依据车辆静态检查作业内容，现在需二手车鉴定评估师小李对车辆进行车辆底盘检查。

二、信息收集

1）在检查车辆底盘时，需要对底盘的哪些部位进行检查。

_____

_____

2）看图指出车辆检查部件名称及情况。

① 传动轴。

文字描述：_____

② 车身底部。

文字描述：_____

③ 后悬架。

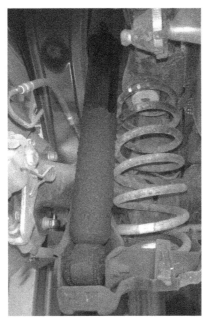

文字描述：_____

_____

④ 转向机构。

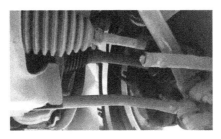

文字描述：_____

_____

三、制订计划

根据车辆底盘的检查要点，制订底盘检查的工作计划。

四、计划实施

请完成车辆底盘检查作业，并记录信息（备注：车辆底盘检查部分内容可在二手车鉴定评估仿真实训系统中进行）。

	检查项目及结果
底盘漏液	冷却液泄漏：□是　□否 制动液泄漏：□是　□否 结果描述：_____ _____
排气系统	吊钩是否在原来位置：□是　□否 吊钩是否损坏：□是　□否 排气管是否更换：□是　□否 排气泄漏：□是　□否 结果描述：_____ _____
横向稳定杆	横向稳定杆：□裂纹　□橡胶衬损坏 　　　　　　□松旷　□正常 结果描述：_____ _____
转向机构	部件配合情况：□缺少润滑　□正常 转向轴：□弯曲　□凹瘪　□正常 动力转向系统：□松动　□正常 转向助力油泄漏：□是　□否 结果描述：_____ _____

	传动轴	传动轴、中间轴及万向节：□裂纹　□松动 　　　　　　　　　　□正常 传动轴：□弯曲　□凹陷　□正常 万向节：□磨损　□松旷　□正常 万向节凸缘盘连接螺栓：□松动　□正常 万向节胶套：□裂纹　□擦伤　□正常 结果描述：＿＿＿＿＿＿＿＿＿＿＿＿ ＿＿＿＿＿＿＿＿＿＿＿＿＿＿＿＿＿
	车轮	车轮轮毂轴承：□松旷　□正常 轮胎：□磨损　□正常 轮胎花纹磨损深度：＿＿＿＿＿＿＿ 结果描述：＿＿＿＿＿＿＿＿＿＿＿＿ ＿＿＿＿＿＿＿＿＿＿＿＿＿＿＿＿＿
	发动机油底壳	发动机油底壳泄漏：□是　□否 结果描述：＿＿＿＿＿＿＿＿＿＿＿＿ ＿＿＿＿＿＿＿＿＿＿＿＿＿＿＿＿＿
	变速器	变速器油泄漏：□是　□否 结果描述：＿＿＿＿＿＿＿＿＿＿＿＿ ＿＿＿＿＿＿＿＿＿＿＿＿＿＿＿＿＿

	转向节臂球销	转向节臂球销松动：□是　□否 结果描述：_____ _____
	三角臂球销	三角臂球销松动：□是　□否 结果描述：_____ _____
	减振器	减振器：□漏油　□松动　□磨损　□正常 减振器油泄漏：□是　□否 结果描述：_____ _____
	减振弹簧	减振弹簧：□裂纹　□断片　□碎片 　　　　　□新旧程度不同　□松旷 　　　　　□疲劳失效　□变形损坏 　　　　　□正常 结果描述：_____ _____

五、质量检查

请实训指导教师检查作业结果。

序号	检查项目	结果是否与实车实际相符	
		相　符	不　相　符
1	底盘漏液情况		
2	排气管		
3	排气吊钩		
4	横向稳定杆		
5	转向机构		
6	动力转向系统		
7	转向节臂球销		
8	传动轴		
9	万向节		
10	车轮		
11	发动机油底壳		
12	变速器		
13	三角臂球销		
14	减振器		
15	减振弹簧		

六、评价反馈

请根据自己在本次任务中的实际表现进行评价。

序号	评价标准	评分分值	得　分
1	明确工作任务，理解任务在企业工作中的重要程度	5	
2	掌握工作相关知识及检查要点	5	
3	掌握二手车底盘检查操作流程及要点	20	
4	能够对二手车底盘进行检查	35	
5	判断底盘常见故障	35	
合计（总分100分）			

实训工单八　查询车辆使用记录

学院		专业	
姓名		学号	

一、接受工作任务

　　消费者在购买二手车前，都会有一定的顾虑，担心车辆是否出过事故，是否进行过大修。有些消费者还会关心二手车以往的保养情况，是否按时在4S店保养。作为二手车鉴定评估师，在进行车辆评估时，也需要对所评估的车辆进行使用记录（以往的维修、保养情况等）查询。

二、信息收集

　　1）二手车使用记录的查询渠道有哪些？

_____

_____

　　2）在实际的生活中使用过哪类渠道查询过车辆使用记录？

_____

_____

　　3）在二手车鉴定评估时为什么要查询车辆使用记录？

_____

_____

三、制订计划

　　根据车辆使用记录查询的基本流程，制订工作计划。

四、计划实施

　　根据车辆使用记录查询的基本流程，完成车辆使用信息查询工作。

　　1）查询工具介绍。

_____

_____

2）查询过程展示。

要求：配查询工具截图。

提示：一般在查询过程中需要输入车辆 VIN 码、上传行驶证图片等。

3）查询结果展示。

要求：配查询结果截图。

对车辆查询结果进行分析。

五、质量检查

请实训指导教师检查作业结果。

序号	检查项目	检查项目完成情况	
		合　格	不　合　格
1	查询工具的选择、安装		
2	查询过程		
3	查询结果		

六、评价反馈

请根据自己在本次任务中的实际表现进行评价。

序号	评分标准	评分分值	得　分
1	明确工作任务，理解任务在企业工作中的重要程度	5	
2	掌握工作相关知识	5	
3	能够准确地选择查询工具并安装	30	
4	能够熟练地使用相关查询工具进行车辆使用记录的查询	30	
5	能够展示车辆使用记录查询结果并确认车辆情况	30	
合计（总分100分）			

实训工单九　检查泡水车和火烧车

学院		专业	
姓名		学号	

一、接受工作任务

正值夏季，天气炎热，雨水较多。二手车鉴定评估师小李在对车辆进行检查时，重点注意水淹车、火烧车。

二、信息收集

1）水淹高度是确定水淹损失程度的一个重要参数，水淹高度通常不以高度的计量单位米或厘米为单位，而以重要的具体位置作为参数，以轿车为例，水淹高度通常分为6级，请写出每一级所在的位置并进行详细说明。

2）列举出你所了解的泡水车的特点（图文形式）。

① 图片展示：

文字描述：_____

② 图片展示：

文字描述：_____

③ 图片展示：

文字描述：_____

3）火烧车是指 _____

4）列举出你所了解的火烧车的特点（图文形式）。

① 图片展示：

文字描述：_____

_____

② 图片展示：

文字描述：_____

_____

③ 图片展示：

文字描述：_____

_____

三、制订计划

1）根据泡水车的检查要点，制订泡水车检查的工作计划。

2）根据火烧车的检查要点，制订火烧车检查的工作计划。

四、计划实施

1）请完成泡水车检查作业，并记录信息。

① 打开左前车门（驾驶位）/行李舱盖。

	检查项目及结果
驾驶室（内饰）气味	发霉味：□有　□无 结果描述：＿＿＿＿＿＿＿＿＿＿ ＿＿＿＿＿＿＿＿＿＿＿＿＿＿
行李舱气味	发霉味：□有　□无 结果描述：＿＿＿＿＿＿＿＿＿＿ ＿＿＿＿＿＿＿＿＿＿＿＿＿＿

② 打开发动机舱盖。

	检查项目及结果
散热器、线束结合部位、各设备接缝处	污泥：□有　□无 锈蚀：□有　□无 水淹痕迹：□有　□无 结果描述：＿＿＿＿＿＿＿＿＿＿ ＿＿＿＿＿＿＿＿＿＿＿＿＿＿
防火墙	水淹痕迹：□有　□无 结果描述：＿＿＿＿＿＿＿＿＿＿ ＿＿＿＿＿＿＿＿＿＿＿＿＿＿

③ 检查驾驶室（内饰）。

	检查项目及结果
前排座椅滑轨、后排座椅底部金属部件	锈蚀：□有 □无 结果描述：_____ _____
驾驶室内底板	污泥：□有 □无 水淹痕迹：□有 □无 结果描述：_____ _____
安全带末端	污泥：□有 □无 水淹痕迹：□有 □无 结果描述：_____ _____
制动踏板连接处	锈蚀：□有 □无 水淹痕迹：□有 □无 结果描述：_____ _____
加速踏板连接处	锈蚀：□有 □无 水淹痕迹：□有 □无 结果描述：_____ _____

④ 检查前后风窗玻璃缝隙。

	检查项目及结果
前风窗玻璃缝隙（车内部）	污泥：□有 □无 结果描述：_____ _____
后风窗玻璃缝隙（车内部）	污泥：□有 □无 结果描述：_____ _____

⑤ 检查行李舱。

	检查项目及结果	
行李舱两侧缝隙	污泥：□有　□无 结果描述：＿＿＿＿＿＿＿＿＿＿ ＿＿＿＿＿＿＿＿＿＿＿＿＿＿＿	
备胎轮毂	霉斑：□有　□无 结果描述：＿＿＿＿＿＿＿＿＿＿ ＿＿＿＿＿＿＿＿＿＿＿＿＿＿＿	
随车工具（扳手、螺钉旋具等）	锈蚀：□有　□无 结果描述：＿＿＿＿＿＿＿＿＿＿ ＿＿＿＿＿＿＿＿＿＿＿＿＿＿＿	

⑥ 检查底盘。

	检查项目及结果	
举升高度	＿＿＿＿＿＿＿	
注意事项	举升车辆过程中，车底禁止站人	
发动机壳	锈蚀：□有　□无 结果描述：＿＿＿＿＿＿＿＿＿＿ ＿＿＿＿＿＿＿＿＿＿＿＿＿＿＿	
排气管	锈蚀：□有　□无 结果描述：＿＿＿＿＿＿＿＿＿＿ ＿＿＿＿＿＿＿＿＿＿＿＿＿＿＿	
固定螺钉	锈蚀：□有　□无 结果描述：＿＿＿＿＿＿＿＿＿＿ ＿＿＿＿＿＿＿＿＿＿＿＿＿＿＿	

2）请完成火烧车检查作业，并记录信息。

① 检查整车外观。

	检查项目及结果	
漆面平整度	起伏不平：□有　□无 结果描述：＿＿＿＿＿＿＿＿＿ ＿＿＿＿＿＿＿＿＿＿＿＿＿＿＿＿ ＿＿＿＿＿＿＿＿＿＿＿＿＿＿＿＿	
漆面色差	色差：□有　□无 结果描述：＿＿＿＿＿＿＿＿＿ ＿＿＿＿＿＿＿＿＿＿＿＿＿＿＿＿	
喷漆修复（左前车门）	测点一：＿＿＿＿＿ μm 测点二：＿＿＿＿＿ μm 测点三：＿＿＿＿＿ μm 测点四：＿＿＿＿＿ μm 测点五：＿＿＿＿＿ μm 喷漆修复：□有　□无 结果描述：＿＿＿＿＿＿＿＿ ＿＿＿＿＿＿＿＿＿＿＿＿＿＿＿＿	

② 检查发动机舱。

	检查项目及结果	
熔丝盒	更换：□是　□否 火烧或熏黑痕迹：□有　□无 结果描述：＿＿＿＿＿＿＿＿＿	
线束	更换：□是　□否 火烧或熏黑痕迹：□有　□无 结果描述：＿＿＿＿＿＿＿＿＿	
防火墙	火烧或熏黑痕迹：□有　□无 结果描述：＿＿＿＿＿＿＿＿＿	
发动机舱盖	火烧或熏黑痕迹：□有　□无 结果描述：＿＿＿＿＿＿＿＿＿	

③ 检查驾驶舱（内饰）。

	检查项目及结果	
座椅	更换：□是　□否 火烧或熏黑痕迹：□有　□无 结果描述：_____ _____	
中控台	更换：□是　□否 火烧或熏黑痕迹：□有　□无 结果描述：_____ _____	
地板	火烧或熏黑痕迹：□有　□无 结果描述：_____ _____	
内饰	刺鼻气味（烧焦味道）：□有　□无 结果描述：_____ _____	

④ 检查底盘。

	检查项目及结果
举升高度	_____
注意事项	举升车辆过程中，车底禁止站人
前横梁 后纵梁	火烧或熏黑痕迹：□有　□无 火烧或熏黑痕迹：□有　□无 结果描述：_____
油底壳螺钉后减震器螺钉传动轴螺钉	火烧或熏黑痕迹：□有　□无 火烧或熏黑痕迹：□有　□无 火烧或熏黑痕迹：□有　□无 结果描述：_____

五、质量检查

请实训指导教师检查本组作业结果。

序号	检查项目	结果是否与实车实际相符	
		相　符	不　相　符
1	泡水车发动机舱		
2	泡水车驾驶室（内饰）		
3	泡水车行李舱		
4	泡水车底盘		
5	火烧车车身外观		
6	火烧车发动机舱		
7	火烧车驾驶室（内饰）		
8	火烧车底盘		

六、评价反馈

请根据自己在本次任务中的实际表现进行评价。

序号	评分标准	评分分值	得　分
1	明确工作任务，理解任务在企业工作中的重要程度	5	
2	掌握工作相关知识及检查要点	5	
3	能够对泡水车的发动机舱进行检查	10	
4	能够对泡水车的驾驶舱（内饰）进行检查	15	
5	能够对泡水车的行李舱进行检查	5	
6	能够对泡水车的底盘进行检查	15	
7	能够对火烧车的车身外观进行检查	5	
8	能够对火烧车的发动机舱进行检查	10	
9	能够对火烧车的驾驶舱（内饰）进行检查	15	
10	能够对火烧车的底盘进行检查	15	
	合计（总分100分）		

实训工单十 检查调表车

学院		专业	
姓名		学号	

一、接受工作任务

　　二手车市场内常见的调表车已经成了行业里的公开秘密。作为二手车鉴定评估师，小李在遇到疑似里程数与车辆磨损程度不匹配的车辆时，要重点检查车辆是否为调表车。

二、信息收集

1）（多选题）下列关于调表车的说法正确的是（　　　　）。

A. 调表车一般是指汽车里程表上的行驶里程数被调校过后出售的二手车

B. 辨别调表车时，不能仅靠感觉或参考某一种鉴定评估方法

C. 上百万的豪华车一般没有调表车

D. 调表车的高发车型一般为 50 万以下的中低端车，其中以 20 万元或者以内价位的车型为主

2）请写出下列几条轮胎的生产日期。

轮胎生产日期：＿＿＿＿＿＿

轮胎生产日期：＿＿＿＿＿＿

轮胎生产日期：＿＿＿＿＿＿

轮胎生产日期：＿＿＿＿＿＿

3）一般轮胎的更换周期为_____年或_____km，制动片的更换周期为_____km，制动盘更换周期一般为_____km，一般来说更换_____次制动片，需更换一次制动盘。

三、制订计划

根据调表车的检查要点，制订调表车检查的工作计划。

四、计划实施

1）查看维修保养记录或保险单，并记录检查结果。

① 维修保养记录或保险单获取途径为_____。

② 维修保养记录或保险单获取途径最后一条记录中的日期是_____，行驶里程是_____。

③ 该车里程表是否被调校？为什么？

_____

_____

2）检查仪表台缝隙和OBD接口情况，并记录检查结果。

		检查项目及结果
	仪表盘和中控台接缝	平整：□是 □否 松垮：□是 □否 拆卸：□是 □否 结果描述：_____ _____
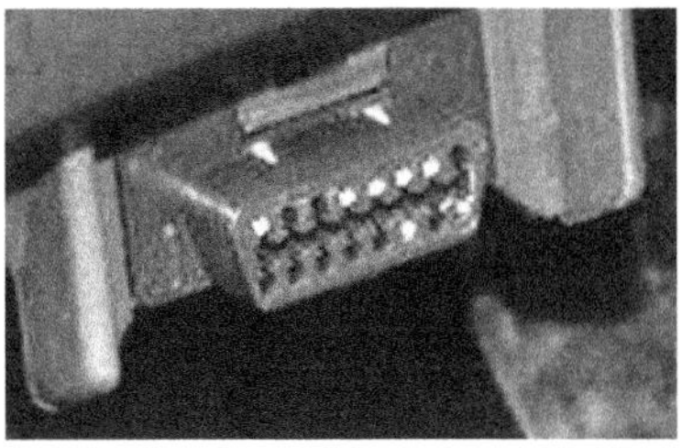	OBD接口	干净：□是 □否 结果描述：_____ _____

3）检查内饰磨损程度，并记录检查结果。

		检查项目及结果
	转向盘	磨损：□无　□轻微　□严重 破损：□是　□否 结果描述：_____ _____
	中控台功能按键	磨损：□无　□轻微　□严重 破损：□是　□否 结果描述：_____ _____
	制动踏板、加速踏板及离合器踏板	磨损：□无　□轻微　□严重 破损：□是　□否 结果描述：_____ _____
	变速杆和驻车制动	磨损：□无　□轻微　□严重 破损：□是　□否 结果描述：_____ _____

	座椅	磨损：□无　□轻微　□严重 破损：□是　□否 结果描述：_____ _____
	地毯脚垫	磨损：□无　□轻微　□严重 破损：□是　□否 结果描述：_____ _____
	车窗功能按键、车门把手	磨损：□无　□轻微　□严重 破损：□是　□否 结果描述：_____ _____

4）检查轮胎磨损程度，并记录检查结果。

① 读取四条轮胎生产日期。

左前轮胎：_____　　　左后轮胎：_____　　　右前轮胎：_____　　右后轮胎：_____

② 检查四条轮胎磨损程度。

左前轮胎：□轻微磨损　□严重磨损　□破损　□更换　□无磨损
左后轮胎：□轻微磨损　□严重磨损　□破损　□更换　□无磨损
右前轮胎：□轻微磨损　□严重磨损　□破损　□更换　□无磨损
右后轮胎：□轻微磨损　□严重磨损　□破损　□更换　□无磨损

5）检查制动片或制动盘磨损程度，并记录检查结果。

		检查项目及结果
	制动片	磨损：□无　□轻微　□严重 破损：□是　□否 更换：□是　□否 结果描述：＿＿＿＿＿＿＿＿＿ ＿＿＿＿＿＿＿＿＿＿＿＿＿＿
	制动盘	磨损：□无　□轻微　□严重 破损：□是　□否 更换：□是　□否 结果描述：＿＿＿＿＿＿＿＿＿ ＿＿＿＿＿＿＿＿＿＿＿＿＿＿

6）检查发动机是否大修，并说明判断理由。

＿＿＿

＿＿＿

7）路试检查发动机的声音、密封性和底盘的松散程度。

		检查项目及结果
	发动机	异响：□有　□无 漏油：□有　□无 漏液：□有　□无 功率下降：□有　□无 加速不畅：□有　□无 动力性变差：□有　□无 烧机油：□有　□无 冒蓝烟：□有　□无 结果描述：＿＿＿＿＿＿＿＿＿ ＿＿＿＿＿＿＿＿＿＿＿＿＿＿
	底盘	松散：□有　□无 结果描述：＿＿＿＿＿＿＿＿＿

五、质量检查

请实训指导教师检查本组作业结果。

序号	检查项目	结果是否与实车实际相符	
		相 符	不 相 符
1	维修保养记录或保险单		
2	仪表台缝隙		
3	OBD 接口		
4	转向盘的磨损程度		
5	制动踏板、加速踏板、离合器踏板的磨损程度		
6	变速杆及驻车制动的磨损程度		
7	座椅磨损程度		
8	地毯脚垫磨损程度		
9	车窗功能按键及车门把手的磨损程度		
10	轮胎磨损程度		
11	制动片或制动盘磨损程度		
12	发动机维修情况		
13	路试情况		

六、评价反馈

请根据自己在本次任务中的实际表现进行评价。

序号	评分标准	评分分值	得 分
1	明确工作任务，理解任务在企业工作中的重要程度	5	
2	掌握工作相关知识及检查要点	5	
3	能够简述汽车里程表的工作原理	10	
4	能够说明汽车里程表调校原因及高发车型	10	
5	能够说出汽车里程表调校方法	10	
6	能够运用汽车里程表调校评估方法，鉴别调表车	60	
合计（总分100分）			

实训工单十一　车辆拍照

学院		专业	
姓名		学号	

一、接受工作任务

　　无论是传统的二手车收购商还是通过互联网发布二手车信息的自媒体，都会通过图片的形式向消费者展示车辆的真实情况。请完成二手车拍照工作。

二、信息收集

　　1）（多选题）在进行二手车拍照前，二手车鉴定评估师要做哪些准备工作？（　　　）

　　A. 工具设备的准备　　　　　　　　B. 拍摄车辆的准备

　　C. 拍照位置的选择　　　　　　　　D. 无须任何准备

　　2）整体外观照片一般从车辆_____、侧面、_____、前侧、_____五个方位进行拍摄。

　　3）在进行二手车拍照前，需要将车辆准备好，具体有哪些要求？

_____

_____

　　4）如何选择拍照时间和场地？

_____

_____

三、制订计划

　　根据车辆拍照的工作流程，制订车辆拍照的工作计划。

四、计划实施

　　请完成车辆拍照作业，并记录信息。

1. 选择场地

| 车辆拍照场地 | 宽敞：□是 □否
平坦：□有 □无
背景简单：□是 □否
结果描述：＿＿＿＿＿＿＿＿
＿＿＿＿＿＿＿＿＿＿＿＿ |

2. 二手车准备

| 清洁二手车 | 车身洁净：□是 □否
前风窗玻璃洁净：□是 □否
机动车号牌无遮挡：□是 □否
转向盘回正，全轮处于直线行驶状态：□是
□否
结果描述：＿＿＿＿＿＿＿＿
＿＿＿＿＿＿＿＿＿＿＿＿ |

3. 车辆拍照

| 车辆拍照——整体外观 | 车辆正前面照片（拍摄后添加）：

车辆侧面照片（拍摄后添加）：

车辆后面照片（拍摄后添加）：

车辆前侧照片（拍摄后添加）：

车辆后侧照片（拍摄后添加）：

结果描述：＿＿＿＿＿＿
＿＿＿＿＿＿＿＿＿＿ |

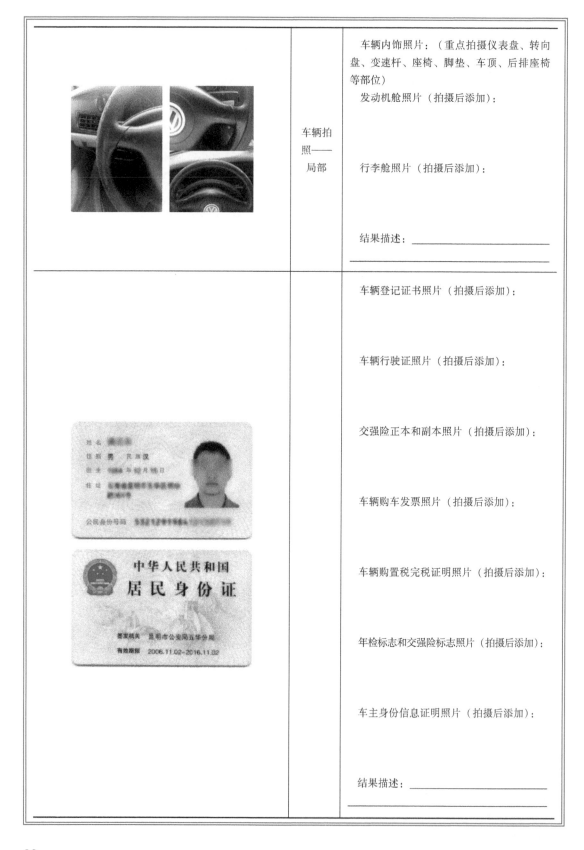

| | 车辆拍照——局部 | 车辆内饰照片：（重点拍摄仪表盘、转向盘、变速杆、座椅、脚垫、车顶、后排座椅等部位）

发动机舱照片（拍摄后添加）：

行李舱照片（拍摄后添加）：

结果描述：_____
_____ |
| | | 车辆登记证书照片（拍摄后添加）：

车辆行驶证照片（拍摄后添加）：

交强险正本和副本照片（拍摄后添加）：

车辆购车发票照片（拍摄后添加）：

车辆购置税完税证明照片（拍摄后添加）：

年检标志和交强险标志照片（拍摄后添加）：

车主身份信息证明照片（拍摄后添加）：

结果描述：_____
_____ |

五、质量检查

请实训指导教师检查作业结果。

序号	检查项目	检查项目完成情况	
		合　格	不　合　格
1	拍摄场地的选择		
2	二手车的准备		
3	车辆正前面照片的拍摄		
4	车辆侧面照片的拍摄		
5	车辆后面照片的拍摄		
6	车辆前侧照片的拍摄		
7	车辆后侧照片的拍摄		
8	车辆内饰照片的拍摄		
9	发动机舱照片的拍摄		
10	行李舱照片的拍摄		
11	车辆登记证书照片的拍摄		
12	车辆行驶证照片的拍摄		
13	交强险正本和副本照片的拍摄		
14	车辆购车发票照片的拍摄		
15	车辆购置税完税证明照片的拍摄		
16	年检标志和交强险标志照片的拍摄		

六、评价反馈

请根据自己在本次任务中的实际表现进行评价。

序号	评分标准	评分分值	得　分
1	明确工作任务，理解任务在企业工作中的重要程度	5	
2	掌握工作相关知识及检查要点	5	
3	能够对车辆拍摄场地进行恰当地选择	15	
4	能够对要拍摄的二手车进行准备	15	
5	能够对车辆整体外观进行拍摄	20	
6	能够对车辆局部进行拍摄	20	
7	能够对车辆手续、资料进行拍摄	20	
合计（总分100分）			

项目三

二手车动态技术鉴定

实训工单 鉴定二手车动态技术

学院		专业	
姓名		学号	

一、接受工作任务

对二手车的动态检查是指对车辆进行路试检查，请二手车鉴定评估师小李完成车辆的动态检查作业流程。

二、信息收集

1）GB 7258—2017《机动车运行安全技术条件》中规定车速表的允许误差范围为（   ）。
A. +20% ~ -5%　　B. 没有规定　　C. +5% ~ -20%　　D. +50% ~ -50%

2）汽车紧急制动情况下，当车轮的滑移率在（   ）时制动性能最佳。
A. 1　　　　　　B. 0.2　　　　　　C. 0.5　　　　　　D. 0.75

3）动态检查前，应该做哪些准备工作？

_____

_____

三、制订计划

根据动态检查要点，制订动态技术鉴定的工作计划。

四、计划实施

请完成车辆动态检查作业，并记录信息（备注：车辆动态检查可在二手车鉴定评估仿真实训系统中进行）。

1. 检查制动踏板

车辆未起动

	检查项目及结果	
踩下制动踏板，保持5~10s	踏板是否无向下移动：□是　□否 结果描述：＿＿＿＿＿＿＿＿＿＿＿ ＿＿＿＿＿＿＿＿＿＿＿＿＿＿＿＿

起动发动机

| 踩住制动踏板起动发动机，踏板是否向下移动 | 踏板是否向下移动：□是　□否
结果描述：＿＿＿＿＿＿＿＿＿＿＿
＿＿＿＿＿＿＿＿＿＿＿＿＿＿＿＿ |

2. 检查发动机运转、加速

起动车辆

	检查项目及结果	
平稳踩住加速踏板	发动机状态：□正常　□异常 车速变化：□正常　□异常 结果描述：＿＿＿＿＿＿＿＿＿＿ ＿＿＿＿＿＿＿＿＿＿＿＿＿＿＿＿

3. 检查变速器工作

起动发动机

	检查项目及结果	
变速杆在不同档位之间切换	变速器工作是否正常：□是　□否 变速器是否异响：□是　□否 结果描述：＿＿＿＿＿＿＿＿＿＿ ＿＿＿＿＿＿＿＿＿＿＿＿＿＿＿＿

| 自动档车型拨至D位，加速至60km/h | 发动机转速：□正常 □异常
有无缺档：□有 □无
无法进档：□有 □无
结果描述：＿＿＿＿＿＿ |

4. 检查车辆底盘传动系统

起动车辆

	检查项目及结果
自动档车型拨至D位，匀速行驶车辆	底盘异响：□有 □无 结果描述：＿＿＿＿＿＿

5. 检查车辆转向部位

起动车辆

	检查项目及结果
自动档车型拨至D位，车速不要太快，进行转向极限操作	1. 转向盘转向一侧极限 车头异响：□有 □无 转向盘振动、抖动：□有 □无 2. 转向盘转向另一侧极限 车头异响：□有 □无 转向盘振动、抖动：□有 □无 结果描述：＿＿＿＿＿＿

6. 检查行驶是否跑偏

起动车辆

	检查项目及结果
自动档车型拨至D位，解除驻车制动，踩下加速踏板，直线行驶，双手短暂放离转向盘	车辆跑偏：□是 □否 结果描述：＿＿＿＿＿＿

7. 检查行车制动

	检查项目及结果	
　　　　　　起动车辆	自动档车型拨至D位，解除驻车制动，踩下加速踏板，直线行驶稳定后，踩下制动踏板	行车制动系统最大制动效能在踏板全行程的 4/5 以内达到：□是　□否 结果描述：_____ _____
	车速 40km/h 时，紧急制动	制动距离：□正常　□异常 ABS 工作状态：□正常　□异常 制动跑偏：□是　□否 结果描述：_____

五、质量检查

请实训指导教师检查作业结果。

序号	检查项目	结果是否与实车实际相符	
		相符	不相符
1	车辆起动前踩下制动踏板，保持 5～10s，踏板是否无向下移动的现象		
2	踩住制动踏板起动发动机，踏板是否向下移动		
3	发动机运转、加速是否正常		
4	变速器工作是否正常、无异响		
5	行驶中车辆底盘部位是否无异响		
6	行驶过程中车辆转向机构是否无异响		
7	行驶是否跑偏		
8	行车制动系统最大制动效能在踏板全行程的 4/5 以内达到		
9	制动系统工作是否正常有效、制动不跑偏		

六、评价反馈

请根据自己在本次任务中的实际表现进行评价。

序号	评分标准	评分分值	得分
1	明确工作任务，理解任务在企业工作中的重要程度	5	
2	掌握工作相关知识及检查要点	5	
3	能够对车辆制动踏板进行检查	15	
4	能够对车辆发动机进行检查	10	
5	能够对车辆变速器进行检查	15	
6	能够对车辆底盘传动系统进行检查	10	
7	能够对车辆转向机构进行检查	15	
8	能够对行驶过程中的车辆进行检查	10	
9	能够对车辆制动系统进行检查	15	
合计（总分 100 分）			

项目四

二手车价值评估

实训工单 评估二手车价值

学院		专业	
姓名		学号	

一、接受工作任务

车辆经过静态检查、动态检查后，根据车辆技术状况及鉴定目的，二手车鉴定评估师需运用相应的评估方法（重置成本法、现行市价法等）对车辆价值进行评估。

二、信息收集

1）（多选）通过对重置成本法计算公式的分析不难发现，要合理运用重置成本法评估二手车的交易价格，必须正确确定车辆重置成本的（　　）。

A. 实体性贬值　　　　　　　　　　　B. 经济性贬值

C. 功能性贬值　　　　　　　　　　　D. 成新率

2）决定能否使用重置成本法的关键因素是（　　）。

A. 能否获得二手车交易市场参考价格　B. 能查询到相同车型新车的市场报价

C. 二手车的未来收益可以预测　　　　D. 交易必须是在受迫的条件下进行

3）（多选）成新率的估算主要包括（　　）等。

A. 使用年限法　　　　　　　　　　　B. 行驶里程法

C. 整车观测法　　　　　　　　　　　D. 部件鉴定法

4）（多选）下列属于现行市价法的特点的是（　　）。

A. 能够比较客观地反映二手车目前的市场情况

B. 其评估的参数、指标可直接从市场获得

C. 评估值能反映市场现实价格

D. 评估结果易于被各方面理解和接受

5)（多选）下列属于收益现值法应用前提的是（   ）。

A. 被评估二手车必须是经营性车辆，且具有继续经营和获利的能力

B. 继续经营的预期收益可以预测而且必须能够用货币金额来表示

C. 二手车购买者获得预期收益所承担的风险也可以预测，并可以用货币衡量

D. 被评估二手车预期获利年限可以预测

6)（多选）清算价格的高低一般与下列哪几方面因素有关？（   ）

A. 企业破产形式   B. 车辆拍卖时限

C. 车辆现行市价   D. 车辆拍卖方式

三、制订计划

根据被评估车辆实际情况，选择合适的二手车价值评估方法，制订作业计划。

四、计划实施

1）请完善《二手车技术状况鉴定评估委托书》内容。

二手车技术状况鉴定评估委托书

委托书编号：

委托方信息：

委托方名称（姓名）：   统一社会信用代码/身份证号：

委托方地址：   联系电话：

鉴定评估机构信息：

鉴定评估机构名称：   统一社会信用代码：

鉴定评估机构地址：

联系人：   联系电话：

原因 □交易 □典当 □拍卖 □置换 □抵押 □担保 □咨询 □司法裁决需要

委托人与受托人达成委托关系，号牌号码为＿＿＿＿＿＿＿＿＿＿＿＿，车辆类型为

＿＿＿＿＿＿＿＿＿＿，车架号（VIN 码）为＿＿＿＿＿＿＿＿＿＿的车辆进行技术状

况鉴定并出具评估报告书，＿＿＿＿年＿＿＿＿月＿＿＿＿日前完成。

委托评估车辆基本信息。

车辆情况	厂牌型号		使用用途	营运□ 非营运□
	总质量/座位/排量		燃料种类	
	初次登记日期	年　月　日	车身颜色	
	已使用年限	年　个月	累计行驶里程（万公里）	
	大修次数	发动机（次）	整车（次）	
	维修情况			
	事故情况			
价值反映	购置日期	年　月　日	原始价格（元）	

备注：

说明：

1）若被评估车辆使用用途曾为营运车辆，需在备注栏中予以说明。

2）委托方必须对车辆信息的真实性负责，不得隐瞒任何情节，凡由此引起的法律责任及赔偿责任由委托方负责。

3）本委托书一式两份，委托方、受托方各一份。

委托方：（签字、盖章）　　　　　　　受托方：（签字、盖章）
　年　月　日　　　　　　　　　　　　　年　月　日

2）请完善被评估车辆评估结果信息。

被评估车辆的评估结果			
鉴定评估基准日	年　月　日	年审检验合格至	年　　月
交强险截止日期	年　月　日	车船税截止日期	年　　月
是否为查封、抵押车辆	□是　□否	车辆购置税证	□有　□无
机动车登记证书	□有　□无	机动车行驶证	□有　□无
技术状况等级		技术状况分值	

综合评定结论：

备注：

3）请根据所学知识，分别运用重置成本法和现行市价法两种评估方法计算二手车价值，并详细记录计算过程。

① 重置成本法。

② 现行市价法。

被评估二手车与参照车辆的有关技术经济参数

序号	技术经济参数	参照车辆 A	参照车辆 B	被评估二手车
1	车辆型号			
2	车辆配置类型			
3	发动机类别			
4	发动机排量			
5	变速器类型			
6	尾气排放标准			
7	销售条件			
8	行驶里程			
9	交易时间			
10	规定使用年限			
11	初次登记日期			
12	已使用时间			
13	技术鉴定分值			
14	成新率			
15	交易数量			
16	付款方式			
17	交易地点			
18	物价指数			
19	交易价格			

五、质量检查

请实训指导教师检查作业结果。

序号	检查项目	填写情况（准确程度）
1	《二手车技术状况鉴定评估委托书》内容	
2	被评估车辆评估结果信息	
3	运用重置成本法估算被评估二手车价值的计算过程	
4	运用现行市价法估算被评估二手车价值的计算过程	

六、评价反馈

请根据自己在本次任务中的实际表现进行评价。

序号	评分标准	评分分值	得分
1	明确工作任务，理解任务在企业工作中的重要程度	10	
2	掌握工作相关知识及要点	10	
3	准确填写《二手车技术状况鉴定评估委托书》内容	15	
4	准确填写被评估车辆评估结果信息	15	
5	能够运用重置成本法估算被评估二手车价值	25	
6	能够运用现行市价法估算被评估二手车价值	25	
	合计（总分100分）		

项目五

二手车鉴定评估报告撰写

实训工单 撰写二手车鉴定评估报告

学院		专业	
姓名		学号	

一、接受工作任务

车辆经过静态检查、动态检查以及价值评估后，鉴定评估机构要向委托方出具鉴定评估报告。

二、信息收集

1）（多选题）二手车鉴定评估报告的作用有哪些？（　　　）

A. 为被委托的车辆提供作价意见

B. 二手车评估报告书是建立评估档案，归集评估档案资料的重要信息来源

C. 对二手车评估报告书进行审核，是管理部门完善汽车评估管理的重要手段

D. 明确知道车辆价值

2）（多选题）下列属于二手车鉴定评估报告中包含的内容有（　　　）。

A. 封面　　　　　　　　　　　B. 委托方与车辆所有方简介

C. 鉴定评估对象　　　　　　　D. 鉴定评估基准日

3）简要说明二手车鉴定评估报告撰写的基本要求。

_____

_____

三、制订计划

根据二手车鉴定评估报告的编写步骤，制订出具二手车鉴定评估报告的工作计划。

四、计划实施

1. 车辆情况信息

1) 委托方信息及评估机构信息。

委托方	王琦	委托方联系人	王琦
联系电话	13222159836	车主姓名/名称	王琦
鉴定评估机构名称	石家庄市永润二手车鉴定评估有限公司	评估基准日	2018 年 11 月 14
二手车鉴定评估师	郑杰	复核人	王放

2) 鉴定评估车辆信息。

厂牌型号	大众牌 FV7207BCDBG	牌照号码	冀 A54321
发动机号	085843	车辆识别代号/车架号	LFV3A23C4H3129387
注册登记日期	2018 年 01 月 03 日	年审检验合格有效期至	2020 年 1 月
交强险截止日期	2019 年 01 月 02 日	车船税截止日期	2019 年 1 月
是否查封、抵押车辆	□是 □否	车辆购置税（费）证	□有 □无
机动车登记证书	□有 □无	机动车行驶证	□有 □无
未接受处理的交通违法记录	□有 □无	使用性质	家庭用车
行驶里程	3600km	已使用年限	10 个月
原始价格	256700.00 元		

3) 技术鉴定结果。

1) 车身骨架检查（检查车身骨架，各结构正常，无事故痕迹）。

2) 车身检查（行李舱盖有一块面积约 200mm×280mm 的划痕）。——19 分

3) 发动机舱检查（正常）。——20 分

4) 驾驶舱检查（转向盘自由行程过大，大于 25°）。——9 分

5) 起动检查（正常），驻车制动系统结构完整。——20 分

6) 路试检查（路试过程中，底盘部位有异响）。——13 分

7) 底盘检查（正常）。——15 分

8) 功能性零部件齐全完整，功能正常。

总分：96 分。

一级。

该车技术状态良好，行李舱盖有划痕，转向盘自由行程过大，路试过程中底盘有异响，底盘无渗漏，可以进行交易。

4）重要配置及参数信息。

燃料标号	95	排量/mL	1984	缸数	4
发动机功率	162kW	排放标准	国V	变速器形式	DCT
安全气囊	有	驱动方式	前置前驱（FF）	ABS	有

5）价值评估。

重置成本法计算模型：评估值＝更新重置成本×综合成新率

更新重置成本为246960.35元；

综合成新率为95.38%。

2. 根据车辆实际情况，请完成二手车鉴定评估报告填写工作

二手车鉴定评估报告

二手车评估中心鉴定评估机构评报字（20 年）第××号

一、序言

_____（鉴定评估机构）接受_____的委托，根据国家有关评估规定、《二手车流通管理办法》和GB/T 30323—2013《二手车鉴定评估技术规范》，本着客观、独立、公正、科学的原则，按照公认的评估方法，对牌号为_____的车辆进行了鉴定。本机构鉴定评估人员按照必要的程序，对委托鉴定评估的车辆进行了实地查勘与市场调查，并对其在_____年_____月_____日所表现的市场价值做出公允反映。

二、委托方信息

委托方：_____ 委托方联系人：_____

联系电话：_____ 车主姓名/名称：_____（填写机动车登记证书所示的名称）_____

三、鉴定评估基准日在_____年_____月_____日

四、鉴定评估车辆信息：

厂牌型号：_____ 牌照号码：_____

发动机号：_____ 车辆识别代号/车架号：_____

车身颜色：_____ 表征里程：_____

注册登记日期：_____

年审检验合格有效期至：_____年_____月 交强险截止日期：_____年_____月_____日

车船税截止日期：_____年_____月

是否查封、抵押车辆：□是 □否 车辆购置税（费）证：□有 □无

机动车登记证书：□有 □无 机动车行驶证：□有 □无

未接受处理的交通违法记录：□有 □无

使用性质：□公务用车 □家庭用车 □营运用车 □出租车 □其他_____

五、技术鉴定结果

技术状况缺陷描述：＿＿＿＿＿＿＿＿＿＿＿＿＿＿＿＿＿＿＿＿＿

＿＿＿＿＿＿＿＿＿＿＿＿＿＿＿＿＿＿＿＿＿＿＿＿＿＿＿＿＿＿＿＿

重要配置及参数信息：＿＿＿＿＿＿＿＿＿＿＿＿＿＿＿＿＿＿＿＿

技术状况鉴定等级：＿＿＿＿＿＿＿＿＿　　等级描述：＿＿＿＿＿＿＿＿＿

＿＿＿＿＿＿＿＿＿＿＿＿＿＿＿＿＿＿＿＿＿＿＿＿＿＿＿＿＿＿＿＿

六、价值评估

价值估算方法：□现行市价法　□重置成本法　□其他＿＿＿＿＿＿＿＿＿

计算过程：＿＿＿＿＿＿＿＿＿＿＿＿＿＿＿＿＿＿＿＿＿＿＿＿＿＿

＿＿＿＿＿＿＿＿＿＿＿＿＿＿＿＿＿＿＿＿＿＿＿＿＿＿＿＿＿＿＿＿

价值估算结果：车辆鉴定评估价值为人民币＿＿＿＿＿＿元，金额大写：＿＿＿＿＿

七、特别事项说明[1]

八、鉴定评估报告法律效力

本鉴定评估结果可以作为作价参考依据。本项鉴定评估结论有效期为90天，自鉴定评估基准日至＿＿＿＿年＿＿＿＿月＿＿＿＿日止。

九、声明

1）本鉴定评估机构对该鉴定评估报告承担法律责任。

2）本报告所提供的车辆评估价值为评估基准日的价值。

3）该鉴定评估报告的使用权归委托方所有，其鉴定评估结论仅供委托方为本项目鉴定评估目的使用和送交二手车鉴定评估主管机关审查使用，不适用其他目的，否则本鉴定评估机构不承担相应法律责任；因使用本报告不当而产生的任何后果与签署本报告书的鉴定评估人员无关。

4）本鉴定评估机构承诺，未经委托方许可，不将本报告的内容向他人提供或公开，否则本鉴定评估机构将承担相应法律责任。

附件：

一、二手车鉴定评估委托书

二、二手车鉴定评估作业表

三、车辆行驶证、机动车登记证书复印件

四、被鉴定评估二手车照片（要求外观清晰，车辆牌照能够辨认）

二手车鉴定评估师（签字、盖章）　　　　　复核人[2]（签字、盖章）

　年　　月　　日　　　　　　　　（二手车鉴定评估机构盖章）

　　　　　　　　　　　　　　　　　　　年　　月　　日

[1]特别事项是指在已确定鉴定评估结果的前提下，鉴定评估师认为需要说明在鉴定过程中已发现可能影响鉴定评估结论，但非鉴定评估师执业水平和能力所能鉴定评估的有关事项以及其他问题。

[2] 复核人是指具有高级二手车鉴定评估师资格的人员。

备注：[1] 本报告书和作业表一式三份，委托方两份，受托方一份。

　　　[2] 鉴定评估基准日即为《二手车鉴定评估委托书》签订的日期。

五、质量检查

请实训指导教师检查作业结果。

序号	检 查 项 目	填写情况（准确程度）
1	委托方信息	
2	技术鉴定结果	
3	车辆技术状况等级	
4	重要配置及参数信息	
5	价值评估	

六、评价反馈

请根据自己在本次任务中的实际表现进行评价。

序号	评 分 标 准	评 分 分 值	得　　分
1	明确工作任务，理解任务在企业工作中的重要程度	15	
2	掌握工作相关知识及填写要点	15	
3	对车辆的检查结果进行分析	25	
4	准确填写二手车鉴定评估报告	30	
5	准确出具二手车鉴定评估报告	15	
	合计（总分100分）		

项目六

二手车收购和交易

实训工单　整备翻新二手车

学院		专业	
姓名		学号	

一、接受工作任务

专业的汽车整备翻新，是根据汽车特点，对汽车进行全面而细致的清洁和养护，使汽车恢复美观、舒适、良好的驾乘环境，并延长汽车使用寿命的一种技术手段。请完成整备翻新二手车工作任务。

二、信息收集

1）（多选题）进行车辆整备时，可用到下列哪些清洗或清洁剂？（　　　）

A. 柏油清洗剂　　　　　　　　　　B. 清水

C. 内饰清洁剂　　　　　　　　　　D. 铝合金轮毂专用清洁液

2）（多选题）进行车辆整备时，整备的车辆部位有（　　　）。

A. 全车外观　　　　　　　　　　　B. 发动机舱

C. 车厢内部　　　　　　　　　　　D. 行李舱

3）简要说明发动机室的清洁步骤。

_____

_____

三、制订计划

根据车辆整备的操作要点，制订车辆整备的工作计划。

四、计划实施

请完成车辆整备作业，并记录信息。

1. 全车外观的清洁

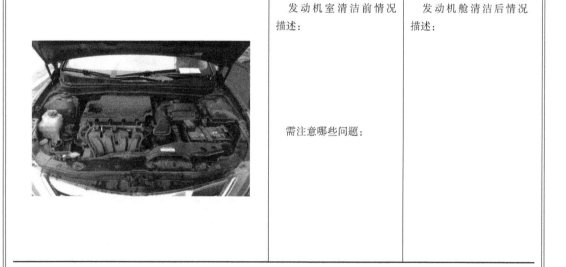

	整备前情况	整备后情况
	漆面、外观清洁前情况描述：	漆面、外观清洁后情况描述：
	可能存在的问题：	
	外观清洁注意事项：	
	打蜡注意事项：	
	车轮、轮毂、门槛和保险杠下方部位清洁前情况描述：	车轮、轮毂、门槛和保险杠下方清洁后情况描述：

2. 发动机舱清洁

	整备前情况	整备后情况
	发动机室清洁前情况描述：	发动机舱清洁后情况描述：
	需注意哪些问题：	

3. 车厢内部清洁

整备前情况	整备后情况
车厢内部清洁前情况描述： 清洁需注意哪些问题： 给内饰上保养液的注意事项：	车厢内部清洁后情况描述：

4. 行李舱的清洁、整理

整备前情况	整备后情况
车厢内部清洁前情况描述： 需注意哪些问题：	车厢内部清洁后情况描述：

五、质量检查

请实训指导教师检查作业结果。

序号	检查项目	检查项目结果是否合格	
		合　格	不　合　格
1	车身外观清洁		
2	发动机舱清洁		
3	车厢内部清洁		
4	行李舱的清洁、整理		

六、评价反馈

请根据自己在本次任务中的实际表现进行评价。

序号	评分标准	评分分值	得　分
1	明确工作任务，理解任务在企业工作中的重要程度	5	
2	掌握工作相关知识及填写要点	5	
3	能够对车身外观进行清洁	20	
4	能够对发动机舱进行清洁	25	
5	能够对车厢内部进行清洁	25	
6	能够对行李舱进行清洁、整理	20	
合计（总分100分）			

《二手车鉴定与评估仿真实训系统》简介

　　《二手车鉴定与评估仿真实训系统》是一款根据 GB/T 30323—2013《二手车鉴定评估技术规范》及对市场上的二手车鉴定与评估整个流程进行市场调研与研究开发的实训教学系统。

一、实训系统特点

1. 3D 游戏型交互设计

　　整款软件贯穿 3D 人物交谈互动、360°旋转场景、第一视角全场景漫游。在场景中用户能够环车检查，并打开与关闭车门、发动机舱盖，升降车窗等实现车内部检查。

2. 实训案例丰富

　　每个案例都通过游戏型的三维仿真模拟进行训练操作。场景内容中提供了符合国标要求的车辆诊断中心、市场上保有量较多的品牌车型、各种符合国标要求的鉴定检查工具等。

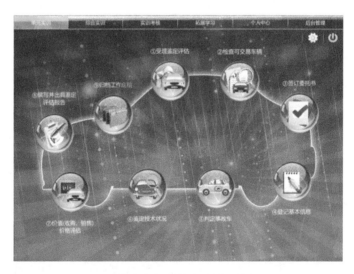

二手车鉴定与评估仿真实训系统页面

二、实训系统简介

　　二手车鉴定与评估仿真实训系统采用 C/S 框架结构，不限站点数，能够在局域网实现多人使用。系统设计了六大主要功能：单元实训、综合实训、实训考核、拓展学习、个人中心、后台管理。

（1）单元实训　为了让学生更深入地掌握鉴定与评估中的每个流程，特设置单元实训模块。单元实训包括受理鉴定评估、查验可交易车辆、签订委托书、登记基本信息、静态检查、动态检查、评估车辆价值、撰写评估报告、归档工作底稿九个流程。对每个流程单独设置多个工作案例，对现实中的二手车典型缺陷内容进行仿真化呈现，并通过二手车鉴定所用的专用工具对国标中要求的必要检查点，进行详细的仿真数据采样。

（2）综合实训　可以让学生对二手车鉴定与评估的整套流程进行模拟操作训练（训练内容包括二手车鉴定与评估国标要求的113处必要检查点，最后根据鉴定结果计算出车辆价格）。在操作过程中，提供操作帮助提示、相应操作步骤所学知识点的多媒体化资源（动画、视频等）展示。为更好地模拟现实，在实训过程中，一切检查数据都通过二手车鉴定专用仪器（仪器均按照实物及操作规范进行虚拟仿真）检查得来，如在静态检查流程中模拟使用举升机、漆面测量仪、胎纹尺等多种专用工具。

（3）实训考核　实现二手车鉴定与评估单元实训考核和综合实训考核。系统自动记录并总结考核结果，教师能针对学生考核结果进行整体评价。

（4）拓展学习　系统以实训为主，教学为辅，拓展学习功能模块中提供了动画、教学视频、游戏、图片等多媒体资源供学生学习。

（5）后台管理　能够实现批量导入用户功能和个人信息及密码信息管理等功能。

（6）个人中心　能够实现个人信息的查看、修改密码等功能。